三十六计

中华国学经典精粹

文白对照·图文版

曾苗 编译

陕西新华出版 三秦出版社

图书在版编目（CIP）数据

三十六计 / 曾苗编译 .—西安 : 三秦出版社，2018.1（2023.9 重印）
ISBN 978-7-5518-1737-0

Ⅰ.①三… Ⅱ.①曾… Ⅲ.①兵法—中国—古代
Ⅳ.① E892.2

中国版本图书馆 CIP 数据核字（2018）第 004148 号

三十六计

曾　苗　编译

出版发行　三秦出版社
社　　址　西安市雁塔区曲江新区登高路 1388 号
电　　话　（029）81205236
邮政编码　710061
印　　刷　河北鑫兆源印刷有限公司
开　　本　850mm × 1168mm　1/32
印　　张　5.625
字　　数　184 千字
版　　次　2018 年 6 月第 1 版
印　　次　2023 年 9 月第 2 次印刷
标准书号　ISBN 978-7-5518-1737-0
定　　价　28.00 元

网　　址　http://www.sqcbs.cn

前　言

《三十六计》一书，至今无准确年代和撰者可考，历代兵志亦不见著录。古代史籍中最早出现“三十六计”提法的是《南齐书》。至明末清初之际，始有无名氏所撰的兵书《三十六计》流传于世。

全书按计名排列，共分六套计，即胜战计、敌战计、攻战计、混战计、并战计和败战计。每套计中又分为六计，共三十六计。每计有解语和按语。解语的后半部分大都由《周易》的语辞构成，并把《周易》中的阴阳变化之理，推演为兵法中的刚柔、奇正、进退和攻守的变化。按语则多引证宋代以前的战例和孙子、吴子、尉缭子等兵家的名句警语，对三十六计加以诠释和引申。

古人所云“三十六计”，乃借助阴阳学说中太阴六六之数，极言其多而已。事实上兵家方略千奇百怪，变幻无穷，数不胜数。《三十六计》只是古代战争谋略宝库中的小小组成部分。尽管本书有明显的历史局限，有些计谋有牵强附会之嫌，有些计谋也未必适用于今天，但本书中所反映出的朴素的辩证思想，以及一些指导战争的策略原则，仍有积极的意义和可供参考的价值，能对探讨新的历史条件下的作战方略，提供一定的启示。

《三十六计》的智慧博大精深，为了使读者在轻松阅读的同时，可以更好地理解和吸收《三十六计》的智慧精髓，我们对其中高度概括的抽象理论部分都附加了经典战例，并对故事配有精美插图。插图涵盖人物肖像、装饰器物、战争场面等，使本书融知识性、趣味性、可读性、观赏性于一体。增加了本书的阅读价值和审美价值。

编 者

2018 年 1 月

目 录

第五套 并战计

第六套 败战计

第一套　胜战计

第一计 瞒天过海

【计名由来】

本计的计名出自一个传说。相传唐贞观十七年（643）唐太宗李世民率军三十万御驾亲征高丽。这一日，太宗来到海边，但见白浪滔天，汪洋一片，漫无涯际，禁不住对怎样才能渡过大海发起愁来。前部总管张士贵见状，赶忙与众将商议对策，众将们却一个个面面相觑，一筹莫展，只有部将薛仁贵于情急之中，想出了一个主意，说道："皇上担心大海阻隔，难于征伐高丽，我今有一计，定叫大军平安渡过大海，取得东征的胜利。"张士贵听了这话，十分高兴，连忙要薛仁贵把他的计策如此这般地说了出来……

几天后，张士贵领着薛仁贵一道拜见唐太宗，奏道：今有一位老人，精通干海之术，能将海水变干，可帮助我军东征成功。太宗听说有此神奇老人，龙颜大喜，立即命张、薛二人带路，前去会见老人。于是君臣二人，在薛仁贵的引领下，穿过一条用帷幕遮蔽的通道，来到一个处所，只见这里绣幔彩锦，茵褥铺地，百官迎候。太宗召见了老人，夸奖了他的法术，并且大张筵席，召集群臣与老人一道饮宴作乐……过了许久，忽闻风声四起，涛声如雷，杯盏倾倒，周围一片摇晃，太宗询问缘由，近臣便揭开帷幕让太宗看，只见大海茫茫，水天一色。太宗问道：这是什么地方？为何如此波涛汹涌？这时，张士贵、薛仁贵才从实奏道：这是为臣用的"瞒天过海"计，得一风势，三十万大军已经渡过大海，就要到达东岸了。这就是传说薛仁贵用的"瞒天过海"计。可见，这里所说的"天"，本意是指的天子，所谓"瞒天过海"，是指哄瞒着天子在不担惊受怕的情况下，平安地渡过大海。以后，人们把"瞒天过海"作为用兵打仗三十六计中的第一计，这个"天"的含义就非常广泛了，而且在大多数情况下，它不是指

唐太宗　李世民（599—649），唐朝第二位皇帝，伟大的军事家，卓越的政治家，中国最有作为的皇帝之一。

应“忠心”维护的“天子”，而是指应该予以消灭的敌人。

【原文】

备周则意怠[1]，常见则不疑。阴在阳之内，不在阳之对[2]。太阳，太阴[3]。

【注释】

〔1〕备周则意怠：备，防备。周，周密、周到。意，意志、思想。怠，懈怠、松懈。全句意为防备非常周密，容易使自己有恃无恐，意志松懈。

〔2〕阴在阳之内，不在阳之对：阴，这里指的是秘密谋略。阳，这里指公开的行动。对，对立、相反的方面。全句意为，秘密的谋略隐藏在公开的行动之中，不与公开行动相对立。

〔3〕太阳，太阴：太，极大。全句意为最公开的行动后面往往隐藏着最秘密的阴谋。

【译文】

防备周密，往往容易思想麻痹，意志松懈；常见的事情就不会再产生疑惑。计谋就隐藏在公开的行动之中，并不是与公开行动相对立的。最公开的行动当中往往隐藏着最秘密的计谋。

【前人批语】

阴谋作为，不能于背时秘处行之[1]。夜半行窃，僻巷杀人，愚俗之行[2]，非谋士之所为[3]。昔孔融被围[4]，太史慈将突围求救[5]，乃带鞭弯弓，将两骑自从，各作一的持之[6]。开门出，围内外观者并骇。慈竟引马至城下堑内，植所持的射之[7]，射毕，还。明日复然，围下之人或起或卧。如是者再，乃无复起者。慈遂严行蓐食，鞭马直突其围，比敌觉[8]，则驰去数里矣。

【注释】

〔1〕不能于背时秘处行之：背时，趁着没人在的时候。秘处，稳秘之处。全句意为，（机密的谋略）不能在背着人的时候或者是隐蔽之处进行。

〔2〕愚俗之行：愚，愚蠢。俗，庸俗、鄙俗。全句意为这是愚蠢、鄙俗的人的行为。

〔3〕谋士：智谋之士。

〔4〕孔融被围：孔融，东汉末年曾任北海相。孔融被围，是指孔融任北海相时，被黄巾军首领管亥率军包围之事。

〔5〕太史慈：东汉末年人，智勇兼备，曾奉母命前往救援被黄巾军围困的孔融。

〔6〕的：这里指箭靶。

〔7〕植：这里指树立。

〔8〕比：这里作“等到”解。

孔融　东汉文学家，鲁国（今山东曲阜）人。少时成名（著名的孔融让梨讲的就是他的故事），被誉为建安七子之首，建安十三年（208）被曹操所杀。

【译文】

施行秘密的谋略，不必选择背着人、隐蔽的地方进行。趁黑夜行窃，钻进僻静的巷子里杀人，这些都是愚蠢、鄙俗的人的行为，真正有智谋的人是不屑于这样干的。昔日孔融被围，太史慈要设法突围求救，便骑着马，执着鞭，带上弓箭，领着两名骑士，并让骑士各自拿着一个箭靶，打开城门走了出去。这时城内的守军和城外的围兵见了都大吃一惊！却只见太史慈等人牵着马走进了城下的堑壕里，立上箭靶，在那里练习射箭；练完了箭，便又回城了。第二天又照样如此，那些围城的敌兵便有的躺着观看，有的站着观看，神色不显得那么惊奇了。如此这般地一连练习了好几天，那些围城的敌兵便渐渐习以为常，一个个躺在地上，连看都懒得起来看了。这时，太史慈认为时机已到，便整好装，吃饱饭，扬鞭策马，径直突围而去。等到敌兵醒悟过来时，他已经驰出数里之远了。

【战例】

齐姜借酒遣夫

晋献公年老时，宠爱妃子骊姬，想把骊姬生的小儿子奚齐立为太子，就将原来的太子申生逼死。太子一死，献公另外的两个儿子重耳和夷吾都感到危险，于是到别的诸侯国避难去了。晋献公死后，晋国发生了内乱。后来夷吾回国夺取了君位，也想除掉重耳；重耳不得不到处逃难。他先在狄国住了十二年，因为发现有人行刺他，又逃到卫国。卫国看他是个流亡公子，不肯收留他。他无可奈何离开了卫国流亡到齐国。那时齐桓公还在，待他挺客气，送给重耳不少的马匹和房子，还把自己宗室中的年轻女子姜氏（即齐姜）许配给重耳。重耳有了一笔不小的财产，又有了高贵漂亮的妻子，也就感到十分满足，便想久住齐国，不图发展了。

当年跟重耳出亡的臣子共有九个人，个个都有安邦定国之才，念念不忘晋国的复兴。可是，重耳在齐国已混过七年，日夜沉溺在温柔乡里，已经把复兴晋国这件事忘记得干干净净。其中有一位叫赵衰的大臣，对大家说："我们跟公子出亡，目的是想借助外国力量复兴晋国罢了，但看今日齐国的情势，非常紊乱，他们已自顾不暇，哪有力量帮助我们呢？不如及早离开此地，到别的国家去想办法吧！"

另一位叫狐偃的大臣连忙阻止说："这里不是说话的地方，我们到对面桑林里去。"

于是大伙儿走进对面的桑林里来，围成一个圈儿坐着。狐偃又说："公子愿不愿意离开齐国，那是他自己的事，但要不要走，那是我们的事。只要大家想好办法，时刻准备好行装，等公子一出来，就邀请他去郊外打猎，一旦出城门，便劫他上路，到那时，他想不走也不行了。"

不料他们的谈话，被一个采桑女子偷听了。这个采桑女子正是齐姜的侍婢，就把听到的事一五一十地报告给齐姜。

齐姜听了，申斥她说："不得胡说八道，根本没有这回事，也不可能有这种事情发生！"说完，把她关进一个密室里，半夜又悄悄地派人把她杀掉灭口。

然后，齐姜把事情告诉重耳说："你的臣子们要你离开这里到别国去，今天在桑林密谋议事，被采桑的婢女听见了；我怕她口疏传了出去，引起麻烦，便将她杀了。你还是早作准备，跟他们一道走罢！”

重耳一听，把眼一瞪，随即又皱起眉来，叹息道：“何必东奔西跑呢？过去的事让它过去好了，我讨厌那种流亡生活，这里就是我的家，无论如何我都不离开你！”

第二天清早，赵衰等人来拜见重耳，请他去打猎。这时，重耳尚未起身，懒洋洋地躺在床上，听见这班人又来了，心里很不高兴，便差人出去回报他们，说身体不舒服，不能接见。

齐姜见他这样，暗骂他一声“懒骨头”，悄悄叫心腹把狐偃一人请到密室里，遣开左右，细问狐偃的来意。

狐偃说：“公子平时最喜欢打猎的，近来很少外出了，诚恐四肢懒起来，荒废了武事，所以特来相请，此外别无他意。”

齐姜微笑一下，故意把话扯远，问：“这次打猎的目的地是哪里？是宋国还是秦国、楚国呢？”

狐偃一听，吃了一惊，暗忖她怎么会知道？还强作镇定地说：“打猎是不会跑得那么远的。”

“本来嘛，打猎是无所谓路程远近的，而且要猎的不一定是野兽，有时还会猎人，是不是？”

狐偃已发觉这话里有刺了，一时开口不得，忙低下头来，偷看她的脸色。

齐姜认真问：“还是我说出来罢！我已知道你们的来意了，借打猎名义，先猎了公子，劫他上路，远走高飞，是不是？”

“这个——”狐偃惶恐起来，不知所措。

“这个我明白，但请老先生不要害怕。”齐姜忽然英勇地站起来说：“我很清楚你们是忠心耿耿的，这样做完全是为了公子的前途，为了晋国的老百姓。我昨晚也劝过他几遍了，他却执迷不悟，口口声声说死也不离开这里！”

狐偃这才把心放下，说：“难得夫人这样深明大义。”

“不过，”齐姜继续说，“我好歹都会把公子送出去的。这样罢，今晚我设法把他灌醉了，你们连夜载他出去，你看这样，好不好？”

“好是好的，不过夫人……”

“你不要为我打算！”齐姜说：“你们为公子，可以抛妻别子在外流浪，难道我不能为丈夫受点苦吗？再说公子是晋国的，晋国人民都寄希望在他身上，我怎能这般自私，使大家失望呢！"

"夫人！你……"

"你赶快回去准备罢！"

狐偃告辞出来，即刻通知众人，分头去准备，一一收拾停当。赵衰等人秘密出城，在郊外等候，狐偃和魏犨把小车隐藏在宫门外，专等齐姜的消息。

当晚，齐姜特设盛宴，夫妻共饮。重耳问是什么意思，齐姜含笑问他："你昨夜说不愿离开，不会是骗我罢？"

"谁骗你！大丈夫说不走就不走，拿刀尖顶住喉咙还是不走！"重耳举拳当空一击，摆出一副大丈夫气概。

"啧啧！我的心肝倒认真起来了。"齐姜嫣然一笑，倒在他怀里，撒起娇来。"我是故意试探你的。那班老头儿也是，居然想拆散我们夫妻！告诉你罢，这席酒，如你真要走的话，我是挽留不住的，那是用来饯别；不走呢，那是用来庆祝我俩从此相爱不分离。"她用手指在重耳额上一戳，两道视线接触，便不约而同地哈哈大笑起来，两人沉醉在欢乐里。

齐姜频频向重耳敬酒，重耳兴奋过度，把酒一杯杯地倒进肚里去，不一会，已酩酊大醉，颓然倒在席上。

齐姜连忙用被褥将他裹起来，叫人出去通知狐偃。狐偃和魏犨七手八脚，连被带褥，将重耳抬了出去，安放在车厢里，然后鞭子一甩，马蹄一蹬，车轮开始转动了。

齐姜呆呆地站在门前，频频向车子招手，忽然心里一酸，眼泪簌簌地落了下来。

【精评】

瞒天过海，实际上是利用人对待社会现象的习惯心理定势，对于熟视无睹的现象经常是信而不疑的心理，利用人的错觉，以假相骗人。一般在军事战争中利用人们的这种心理，以假乱真，最后以假代真，以达到出其不意的效果。而在商业经营中，也可以假相为基础，达到渔人之利的目的。但此计不同于"掩耳盗铃"，那是一种愚蠢的自欺欺人的方法，而瞒天过海则恰恰相反，它是玩弄对方于股掌之上的高明之策。

第二计　围魏救赵

【计名由来】

本计出自《史记》记载的齐魏桂陵之战，计名则见于明代罗贯中《三国演义》第三十回："此孙膑围魏救赵之计也。"

公元前354年，魏惠王派兵攻打赵国都城邯郸。赵国向齐国求救。齐王招募八万军队，任命田忌为统帅，孙膑为军师，前往赵国救援。田忌原想率兵直奔赵都邯郸，与魏军决一死战。军师孙膑建议说："魏国出动全部精锐部队攻打赵国，国内空虚，无重兵把守。因此我们应攻打魏国都城大梁（今河南开封）。这样，魏军必定会停止对邯郸的包围，回兵救援本土。"田忌听从了孙膑的建议，带领齐兵向魏都大梁进军。消息一经传开，魏将庞涓慌忙从赵国退兵，火速赶回魏国。这时，齐军在魏军回国必经之地桂陵一带（今河南长垣西）设下伏兵，以逸待劳，做好充分准备。魏军长途跋涉，精疲力尽，遭到齐军的突然伏击，大败而归，邯郸之围也很快被解了。

这就是历史上有名的"围魏救赵"的战例。后人把这次战例的经验加以升华、概括，列为三十六计中的第二计。可见，此计主要是用于解围的。它的特点是：以迂为直，避实就虚，攻敌所必救，以破解敌军的围困。具体地说，当本军某部遭敌围困不得突围时，救援的军队不是直接进攻敌军，而是以迂为直，选择敌方防守相对空虚，而又地处要害的地区进行攻击，以迫使敌方撤围回援，并趁敌军在回援途中，发起奇袭，达到克敌制胜的目的。

孙膑　战国初期军事家，齐国军师。孙武后代。曾与庞涓同学兵法，后因协助田忌等设计谋先后大败魏军于桂陵、马陵，庞涓自杀，由此名扬天下。

【原文】

共敌不如分敌〔1〕，敌阳不如敌阴〔2〕。

【注释】

〔1〕共敌不如分敌：这里是指集中的敌人与分散的敌人。

〔2〕敌阳不如敌阴：敌，攻打。阳，这里是指公开、正面、先发制人。阴，这里是指隐蔽、侧面、后发制人。全句意为正面攻敌不如从侧面攻敌。

【译文】

攻打集中之敌，不如攻打分散之敌。从正面攻敌，不如从侧面攻打防守相对薄弱之敌。

【前人批语】

治兵如治水：锐者避其锋，如导疏；弱者塞其虚，如筑堰。故当齐救赵时，孙子谓田忌曰："夫解杂乱纠纷者不控拳〔1〕，救斗者不搏击〔2〕。批亢捣虚〔3〕，形格势禁〔4〕，则自为解耳。"

【注释】

〔1〕解杂乱纠纷者不控拳：控，抓紧。全句意为要解开杂乱纷繁的纽结，不能握紧拳头。

〔2〕救斗者，不搏击：搏，打。全句意为要解救打架的人，自己不能参与打斗。

〔3〕批亢捣虚：批，用手打击、攻击。亢，咽喉，比喻要害之处。全句意为攻击要害之处，攻打薄弱环节。

〔4〕形格势禁：格，受阻碍。全句意为受阻碍的困难局面。

【译文】

治兵就像治理洪水一样。对于来势凶猛的敌人，要避开它的锋芒，就好比治理洪水要导流一样。对于弱的敌人，要堵住它，歼灭它，就好比治理洪水要修筑河堤一样。所以，当齐国派兵去解赵都邯郸之围时，孙膑对田忌说："要解开杂乱纷繁的纽结，不能握紧拳头；要解救打架的人，不能自己参与打斗。只要抓住敌方要害，攻其虚弱之点，使敌方处于受阻的困难局面，赵都之围便自然而然解除了。"

【战例】

晋攻曹卫救宋

公元前632年，楚成王拜成得臣为大将，亲统大军，纠合陈、蔡、郑、许四路诸侯，一同攻伐宋国。宋成公派遣公孙固向晋国求救。然而，由于晋文公在十九年的流亡生涯中，曾得到楚成王的帮助，故而不便直接和楚军作对。这时，晋文公的参谋狐偃便出了个主意，说道："我军不便直接前往救援宋国，与楚军作对，何不先去攻打与楚国结盟的曹国和卫国呢？这两国的国君在您流亡时期都曾对您极不友好，晋军师出有名。卫国的楚丘城是楚成王舅父的领地，而曹国则紧靠楚国本土，我军攻打这两国，楚军势必回师救援，这样便可解除宋国之围了。"

晋文公听从狐偃这番用计，便一面叫公孙固回报宋成公务必坚守阵地，一面则以先轸为将，率领三军人马先向卫国进军，一举攻占了卫国的五鹿城，直逼楚丘城，迫使卫成公向晋国谢罪请和。接着，又挥军东征，一举攻破了曹国。这期间，楚成王讨伐宋国正是连连告捷：在攻占了宋国的缗邑后，又围困宋都商丘。这时，忽然听说晋军已占领卫国五鹿城，直逼楚丘城，楚成王眼见得自己舅父的领地不保，不可不救，于是，便只留下一部分兵马由成得臣率领，继续攻打宋国，自己则亲自率领劲旅回师救援楚丘城。但当他的兵马才走到半路时，又听说晋军已经攻破曹国，对楚国本土造成直接威胁了。情势紧急，迫于无奈，楚成王只得命令成得臣从宋国撤出剩余的人马，以确保本土安全。就这样，晋文公用狐偃的"围魏救赵"计，成功地解了宋国之围。

【精评】

"围魏救赵"在军事上是一个成功的谋略，历代屡用不鲜。围魏救赵在政治斗争中则表现为：围攻第三者，从而解救处于险境的人。这里围攻的情况又有多种。如果把围魏救赵提高到哲学角度加以分析后，就可以看出这是事物辩证发展普遍存在的一条规律。当人掌握与使用它时，就是一种策略；当人们具体运用与操作时，就是一种方法论。不但古代战争可用，现代战争也可用，各行各业都可用，并且都会获得奇迹般的效果。

第三计　借刀杀人

【计名由来】

本计内容在春秋战国的史书中多次可见，而“借刀杀人”一语，则见于明代戏剧《三祝记》“这所谓借刀杀人，又显得恩相以德报怨，此计何如”一语中。这出戏是写范仲淹的政敌企图让他任军队统帅——环庆路经略招讨使，去平息西夏人元昊进攻，企图借西夏人的刀杀害范仲淹的故事。

范仲淹　字希文，苏州吴县（今江苏苏州吴中区）人，北宋政治家、军事家、文学家。死后谥“文正”，世称“范文公”。

本计的主要特点是：通过利用矛盾，借敌方内部的力量，或者是盟友的力量，削弱或消灭敌对势力。而其关键所在，则是善于捕捉和利用敌方的矛盾，包括敌方内部的矛盾以及敌方与其盟友的矛盾，想方设法使这些矛盾扩大、激化，直至引起敌方自相争斗，或者是引起敌方与其盟友的争斗，以达到削弱或消灭敌方实力的目的。因此，在军事上，此计的运用多是与使用间谍相联系的。

【原文】

敌已明，友未定〔1〕，引友杀敌〔2〕，不自出力，以《损》推演〔3〕。

【注释】

〔1〕敌已明，友未定：指打击的敌对目标已经明确，而盟友的态度却一时尚未确定。

〔2〕引友杀敌：引，引诱。引友杀敌，即引诱盟友的力量，去消灭敌人。

〔3〕以《损》推演：根据《损卦》“损下益上”“损阳益阴”的逻辑去推演。

【译文】

敌人已经明确，盟友的态度仍不明朗，这时应极力设法诱使盟友去攻打敌人，而无需自己出力，这是从“损”卦卦义的逻辑中推演出来的。

【前人批语】

敌象已露，而另一势力更张[1]，将有所为，便应借此力以毁敌人。如：郑桓公将欲袭郐[2]，先问郐之豪杰、良臣、辩智、果敢之士，尽书姓名，择郐之良田赂之，为官爵之名而书之，因为设坛场郭门之处而埋之，衅之以鸡豭若盟状[3]。郐君以为内难也[4]，而尽杀其良臣。桓公袭郐，遂取之。（《韩非子·内储说下》）诸葛亮之和吴拒魏，及关羽围樊、襄，曹欲徙都，懿及蒋济说曹曰：“刘备、孙权外亲内疏，关羽得志，权必不愿也。可遣人劝蹑其后[5]，许割江南以封权，则樊围自释。”曹从之，羽遂见擒。（《长短经》卷九《格形》）

【注释】

〔1〕敌象已露，而另一势力更张：敌象，攻击的对象。张，伸展。全句意为打击对象已经明确，而另一种势力正在扩张。

〔2〕郐：周朝国名，在今河南密县东北。

〔3〕衅之以鸡豭，若盟状：衅，杀牲以血涂于器皿上祭祀。豭，公猪。盟，在血祭前发誓缔约。全句意为用公鸡、公猪等牺牲品举行血祭，好像发誓缔约结盟一样。

〔4〕内难：内乱。

〔5〕可遣人劝蹑其后：蹑，跟踪。全句意为可派人跟随孙权身后劝说他。

【译文】

打击的目标已经显露出来，而另一种势力又有所扩张，且将有所行动，这时便应借此势力，摧毁敌人。比如，郑桓公将要攻打郐国，先列了郐国的豪杰、良臣、辩智、英勇果敢之士的名单，公开张贴布告，说要将郐国的良田赠送给他们，封给他们各种官爵，并在城郊设起祭坛，把名单埋在地下，用公鸡、公猪做祭品，好像发誓缔约结盟一样。郐国国君以为国内这些豪杰、良臣要勾结郑国作乱，便按照以上公布的名单把他们一个个杀掉了。桓公看到郐国豪杰、良臣都已除尽，便马上攻打郐国，并占领了郐国。（见《韩非子·内储说下》）诸葛亮与吴国结盟，抗拒魏国。当关羽围攻魏地襄阳、樊城时，曹操想迁都，司马懿及蒋济劝说曹操道："刘备、孙权表面上是亲戚，内心里却隔阂很深。关羽得志，孙权内心是不甘愿的，因此，可以派人跟随孙权身后作说客，答应割让江南的土地封给孙权，这样，樊城的包围就会自然解开。"曹操听从此计，关羽终于兵败麦城，束手就擒了。（见《长短经》卷九《格形》）

【战例】

皇太极借刀杀"劲敌"

明天启六年（1626），努尔哈赤亲自率兵攻打宁远，以十三万之众围攻宁远守兵万余人。十三比一，力量悬殊。宁远守将袁崇焕，身先士卒，奋勇抗敌，击退满兵三次大规模进攻。明军的奋勇抵抗，力挫骄横的满兵。袁崇焕乘满军气馁之时，开城反攻，追杀数十里，击伤努尔哈赤，满军惨败。努尔哈赤遭此败绩，身体负伤，攻占明朝的壮志难酬，羞愧愤懑而死。皇太极继位，第二年又率师攻打宁远。袁崇焕早有准备，皇太极又兵败而回。又经过几年的准备，皇太极再次攻打明朝。崇祯三年（1630），他为避开袁崇焕守地，由内蒙古越长城，攻山海关的后方，气势汹汹，长驱而入。袁崇焕闻报，立即率部入京勤王，日夜兼程，比满兵早三天抵达京城的广渠门外，做好迎敌准备，满兵刚到即遭迎头痛击，满兵先锋巴添狼狈而逃。皇太极视袁崇焕为从未有过的劲敌，又忌又恨又害怕，袁崇焕成了他的心病。皇太极为了除掉袁崇焕，绞尽脑汁，定下借刀杀人之计。他深知崇祯帝猜忌心重，难以容人。于是秘密派人用重金贿赂明廷的宦官，向崇祯告密，说袁崇焕已和满人订下了密约，故此满兵有可能深入内地。崇祯帝勃然大怒，将袁崇焕下狱问罪，并不顾将士吏民的请求，将袁崇焕斩首。皇太极借崇祯帝之刀，除掉心腹之患，从此肆无忌惮，再也没有遇到像袁崇焕这样的劲敌了。

周瑜计除蔡瑁张允

公元208年，曹操亲率二十余万大军攻伐东吴，孙权命周瑜为大都督，领军应战，双方对峙于三江口南北两岸。

一天，周瑜乘坐楼船前往江北探看曹军水寨，发觉曹操水军阵营十分严整，“深得水军之妙”，不禁大吃一惊，便问曹军水军都督是谁？左右回答说是蔡瑁、张允。周瑜听罢心想：蔡、张二人久居江东，十分熟悉水战；如不设法先除掉他们，将很难攻破曹兵！想着想着，便命令楼船返航，回到本寨。

第二天，周瑜正在军中议事，忽然接到军报，说是曹操军中有故人蒋干前来拜望。周瑜一听，笑着对在座的众将说：“这是曹操的说客到了。”于是，灵机一动，计上心来，对着众将如此这般地吩咐了一番，就带领数百随从，前呼后拥，走出寨门迎接蒋干了。

周瑜　宇公瑾，东吴四英将第一位，庐江舒城人。孙策平定江东后，周瑜任水军都督。孙权继位后，也十分信任周瑜。公元210年，周瑜领兵攻打四川，行至巴丘城时箭伤发作，英年早逝，年仅36岁。

周瑜把蒋干迎到军中，寒暄一番后，便大张筵席，盛情款待，还请了数十员文官武将出席作陪。席间，周瑜命令部将太史慈担任监酒官，交待说：“今日我与故人相会，只叙友情，不谈军旅之事，但有违反者，立斩不赦。”蒋干听了这话，吓了一大跳，心里捉摸着：我本是奉主公曹操之命，以故旧之情前来劝说周瑜归降的。谁料他一下就把门给封死了，这却如何是好？他看到周瑜对太史慈下令时，神情严肃，又不敢造次，只好怀着一肚子鬼胎，硬着头皮，坐在那里饮酒。一时间，满座文武，觥筹交错，谈笑风生，一直闹到夜深。这时，周瑜佯装酒醉，对着蒋干说："子翼（蒋干的字），难得今日老友相聚，今晚就与我同眠一榻吧！"

边说边拖着蒋干朝自己的大帐走去。到了帐里，周瑜躺在榻上，只一会儿，便呼呼地"睡熟"了。蒋干却睡不着，听到军中已打二更，便借着帐内残灯起身张望，猛然见到书案上堆着一卷文书。蒋于心想："这其中定会有些军事机密！"于是，便悄悄起来翻阅偷看，果然看见其中一封信是曹军水军都督蔡瑁、张允写来的。信上竟写着这样一段话："某等降曹，非图仕禄，迫于势耳。今已赚北军（指曹军）困于寨中，但得其便，即将曹贼之首献于麾下，早晚人到，便有关报。先此敬复。……"

曹操　宇孟德，小名阿瞒。许国谯（今安徽亳县）人。中平元年（184）参与镇压黄巾军，以军迁为济南相。建安十三年（208）进位丞相，建安二十五年（220）病卒。

不看便罢，一看之后，蒋干的心不由得猛然往下一沉，心想："好险，原来蔡瑁、张允竟是暗通东吴的奸细！"想着，便把信藏在衣袋里，再回头看看周瑜，依然躺在那里深睡未醒，还在说着梦话："子翼，数天之内，我教你看看曹贼的首级！……"说完又打起鼾来。蒋干听了这些梦话，更是又急又气，却不敢声张，只得再和衣躺下，假装入睡，也想在暗中再探个究竟。到了四更时，朦胧中，忽见外面有人进入帐内，将周瑜轻轻叫醒，悄悄说道："江北有人到此……"周瑜连忙示意来人住口，并起身与那人走出帐外。蒋干又模模糊糊听到那人在帐外对周瑜说："蔡、张二将说，'急切下不得手'……"不一会儿，周瑜回到帐内，走到榻前叫了蒋干几声。蒋干只是蒙头假睡，不予理睬。周瑜见蒋干不"醒"，自己又躺下睡着了。到了五更天时，蒋干眼看天将大亮，便偷偷起身，走出大帐，带上随从，一溜烟儿驾船回到曹军大寨。

回到大寨之中，曹操询问此行去江北游说周瑜归降情况如何？蒋干回报说："周瑜心志很高，非言词所能说动。"曹操听了老大不高兴。蒋干便接着又说："主公且勿忧虑，这次过江，虽然游说不成，却为您打探到一件极重要的机密！"说着，便拿出从周瑜帐中偷来的信给曹操看，并将昨夜所见所闻一一向曹操秉报。

曹操不听则已，一听勃然大怒，立即命人将蔡瑁、张允叫来帐中，厉声说道："我命你二人今日进军东吴！"蔡、张二人不知底细，便回禀道："现下水军尚未练熟，不宜轻进。"

曹操听罢大怒，喝道："等到水军练熟，我的首级早已献给周瑜了吧！"蔡、张听了这话，一时摸不着头脑，慌忙之中，也不知如何对答，正在犹豫之时，曹操已下令将二人立即推出辕门斩首了。

等到曹操省悟过来，知道是中了周瑜"借刀杀人"之计时，却是为时已晚，后悔莫及了。

【精评】

借刀杀人，是为了保存自己的实力而巧妙地利用敌方矛盾的谋略。当敌方动向已明，就千方百计诱导态度暧昧的友方迅速出兵攻击敌方，自己的主力即可避免遭受损失。借刀杀人，巧在一个"借"字，但借刀必须有条件，或陈明利害，或许以重利。现代商战中，有些人为谋取私利刻意制造他人的过失，以图掩饰自己过错的例子也屡见不鲜，其所用策略也可称之为借刀杀人。

第四计　以逸待劳

【计名由来】

本计语出《孙子兵法·军争篇》："以近待远，以佚待劳，以饱待饥，此治力者也。"《虚实篇》也说："凡先处战地而待敌者佚，后处战地而趋战者劳。故善战者，致人而不致于人。"

本计的特点是，强调把握战场的主动权，以引诱敌人，"调动"敌人，疲劳敌人，然后捉住战机，克敌制胜。按"损"卦的说法，就是："以静制动，损刚益柔。"

【原文】

困敌之势[1]，不以战。损刚益柔[2]。

【注释】

〔1〕势：情势、趋势。这里主要是指军事态势。

〔2〕损刚益柔：语出《周易·损》："……损刚益柔有时……"损卦为兑下艮上，是由泰卦乾下坤上变来的。泰卦的九三变为损卦的上九，而泰卦的上六则变为损卦的六三，说明由泰卦变为损卦是损乾益坤、损刚益柔的结果。但这种损刚益柔只要因时也会吉利。

【译文】

想要使敌人处于困境，不一定用主动进攻的手段（而可采取疲惫、消耗敌人的手段）。这是从《周易》损卦彖辞中"损刚益柔有时……"一语中悟出的道理。

【前人批语】

此即致敌之法也[1]。兵书云："凡先处战地而待敌者佚[2]，后处战地而趋战者劳[3]。故善战者，致人而不致于人[4]。"（《孙子·虚实篇》）兵书论敌，此为论势，则其旨非择地以待敌，而在以简驭繁，以不变应变，以小变应大变，以不动应动，以小动应大动，以枢应环也[5]。

如管仲寓军令于内政，实而备之[6]（《史记·管晏列传》）。

孙膑于马陵道伏击庞涓[7]（《史记·孙子吴起列传》），

李牧守雁门，久而不战，而实备之，战而大破匈奴[8]（《史记·廉颇蔺相如列传》）。

【注释】

〔1〕致敌之法：致，招引，引申为调动。致敌，即调动敌人。

〔2〕佚：同逸，安闲。指从容休整，养精蓄锐。

〔3〕劳：疲劳。

〔4〕致人而不致于人：即调动敌人而不被敌人所调动。

〔5〕以枢应环：枢，枢纽，引申为事物的关键。环，圆形之物。大意指把握事物的关键，从容应付周围事物的变化。所以，《庄子·齐物论》说：“枢，始得其环中，以应无穷。”

〔6〕实而备之：实，充实、坚实。备，准备。

〔7〕马陵道伏击庞涓：马陵，今山东范县西南。周显王二十七年（前342），魏国联合赵国攻打韩国。韩国向齐国求救，齐威王任命田忌为将，孙膑为军师，率军直逼魏国国都大梁（今河南开封西北），迫使魏军弃韩自救。孙膑用退兵减灶的计谋，在道路狭窄、地势险要的马陵道设埋伏，一举歼灭魏军追兵。魏将庞涓知败局已定，愧愤自杀。

【译文】

这是调动敌人的计策。兵书上说：“凡是先进入战地等待敌人，就会显得安逸；后进入战地仓促应战，就会处于疲劳奔命的被动局面。所以，善于用兵的人，总是能调动敌人而不被敌人牵着鼻子走。”（见《孙子兵法·虚实篇》）兵书上是讨论作战，这里主要是讨论政治斗争态势。其主旨不在于选择有利地形以待机歼敌，而是强调以简单驭繁杂，以不变应付万变，以小变应付大变，以静制动，以小的动作应付大的动作，以抓住关键应付周围各种环境和事变的各个环节。像管仲将军令寓于内政事务之中，以扎扎实实加强战备（见《史记·管晏列传》）；孙膑在马陵道伏击庞涓（见《史记·孙子吴起列传》）；以及李牧坚守雁门，久不出击，只是不断充实、装备自己，最终大破了匈奴（见《史记·廉颇蔺相如列传》）。

【战例】

陆逊的夷陵之战

陆逊　三国时期吴国大将，字伯言。吴郡吴县华亭（今上海松江）人。黄武元年（222），刘备率兵攻吴，陆逊任大都督，据守七八月不战，后以火攻大破蜀军于猇亭（今湖北宜都北），取得彝陵大捷。

三国时代，吴国将军陆逊奉孙权之命，掌六郡八十一州和楚荆诸路兵马，抵御蜀军来侵。

却说刘备自猇亭布列兵马，直至川口围至夷陵界，连接七百里，前后四十营寨，昼则旌旗蔽日，夜则火光耀天。

陆逊军中有个前线指挥官叫韩当，见蜀军到来，差人报与陆逊。陆逊恐韩当妄动，急忙飞马上阵观看。正在这时，韩当立于山顶，远望蜀兵军中隐隐有一把黄罗盖伞，认为是刘备亲自率兵上阵，便要准备出兵迎击。陆逊连忙制止道："刘备举兵东下，连胜十余阵，锐气正盛，现在我方只能采取守势，不可轻出，出则不利。但需激励将士，养精蓄锐，等待适当的出击机会。蜀军见我按兵不动，不堪天气炎热，必移屯于山林树木间，在山路间行军是极耗损体力的，我们可悠闲地等对方筋疲力尽时，再趁机出击。"

刘备见吴军不出，心中焦躁不堪，因为战事拖延愈久，对远征军就愈不利，而且天气炎热，军队驻扎于平原中，取水甚为不便。于是刘备命各营皆移屯于山林茂盛之地，靠近溪水。但属下马良说："我军若移动，倘吴兵突然袭击，怎么办？"

刘备乃令吴班率领万余弱兵，屯驻在靠近吴寨的平地，自己则亲率八千精兵，埋伏在山谷中。若陆逊趁蜀兵移屯时来袭，吴班即可诈败，引吴兵至谷中，刘备就可以包围，断其归路。

吴军探知蜀兵移屯，皆认为是发动攻击的良机，陆逊又劝阻道："前面山谷中，隐隐有杀气起，其下必有伏兵，敌军在平地设弱兵，是引诱我军出击，切不可中计。"

于是两军就这样僵持了半年，刘备这一方已渐露疲态。这时陆逊集合兵士准备反击，却遭到部将们的反对，他们说："若要破蜀，当初就出兵，现在五六百里内都遭受敌人围攻，对峙长达七八个月，况且我军需要攻击的要塞，敌军都已防备得很坚固，我军怎能攻破呢？"但是陆逊却说："你们实在是不懂兵法啊！刘备乃一世之枭雄，足智多谋，在他刚整兵出击时，一定有精密的作战计划，我军当然无法轻易获胜。但现在战事已陷于胶着状态，敌军士气低落，显得很疲惫的样子，因此正是歼灭敌军的最佳时刻。"

诸将听了，尽皆叹服，于是发动总攻击，果然击溃蜀军，刘备狼狈逃往白帝城。陆逊这次能大败蜀军，就是因为把握了"以逸待劳"的原则。

【精评】

使用以逸待劳这种策略的时候，务必要沉着冷静，把自己和对方的环境、意图以及彼此间的实力估计清楚，机警地随时随地注意事情的变化，时机未成熟时要稳如泰山，机会一来就要翻江倒海。此计强调让敌方处于困难局面，不一定只用进攻的方法，关键在于掌握主动权，待机而动，以不变应万变，以静制动，积极调动敌人，创造战机。所以，不可把以逸待劳的"待"字理解为消极被动的等待。

第五计　趁火打劫

【计名由来】

本计出自《孙子兵法》“乱而取之”的思想，计语最早见于明代吴承恩的小说《西游记》中。唐玄奘法师离开大唐国，往西天取经，一天晚上，他和大弟子孙悟空来到一座庙中投宿。这座庙有上下房间共七十多间，僧客二百多人。庙中老方丈命人敬茶，闲谈间，问唐僧有何宝物，可以让他开开眼。于是，悟空把带来的袈裟拿出来炫耀。方丈一见，顿生歹念，假托老眼昏花，看不清楚，要求当夜借袈裟到后房仔细看看，就这样骗得了袈裟。晚上，方丈和手下僧人商议，将禅堂放火烧毁，把睡在里面的师徒两人一起烧死，以便将袈裟据为己有。可晚上悟空并未睡着，方丈的阴谋被他听到了，于是他便变成一只小蜜蜂飞出禅堂，一个跟头翻进南天门，向广目天王借到“避火罩”，回去罩住了唐僧和白马。到了半夜，和尚们果然放火烧禅堂，火愈烧愈旺，把观音院烧得通红，惟有唐僧所在禅堂安然无恙。这时，观音院正南有一座山，山上有一个黑风洞，洞中妖怪被火光惊醒。他与观音院方丈素有交情，便纵起云头去帮众僧救火。火光中，见前后大殿被烧成断垣残壁，惟有方丈室案上有一青毡包袱，里面透出一道道霞光彩气，打开一看，是一件锦襕袈裟，乃佛门宝贝。妖怪一见此宝，救火之意顿失，拿着那袈裟，趁火打劫，驾着黑云，径直回到了黑风洞。

可见，本计的主要特点是，趁敌人处于危险、混乱的时机，坚决果断地攻击敌人，从中取利。按前人的说法，此计是从《周易·夬卦》推演而来的，“夬”卦是五阳一阴，即五刚对一柔，刚占绝对优势，自能决定柔的命运；但“刚”要求坚决果断，否则，即会坐失取胜的良机。

吴王夫差矛　春秋吴国兵器，1983年出土于湖北省江陵县楚墓。通长29.5厘米。铭文：吴王夫差自作用鋅。现藏于湖北省博物馆。

【原文】

敌之害大〔1〕，就势取利，刚决柔也〔2〕。

【注释】

〔1〕害：这里是指敌人遇到的困境。

〔2〕刚决柔也：决，冲开、去掉，这里引申为摈弃、战胜。王夫之《周易内传》卷三说：“夫之为言决也，绝而摈之于外，如决水者不停贮之。决而任其所往。”全句意为乘刚强的优势，坚决果断地战胜柔弱的敌人。

【译文】

敌人的处境艰难，我方正好乘此有利时机出兵，坚决果断地打击敌人，以取得胜利。这是从《周易》夬卦彖辞“刚决柔也”一语中悟出的道理。

【前人批语】

敌害在内，则劫其地；敌害在外，则劫其民；内外交害，则劫其国。如越王乘吴国内蟹稻不遗种而谋攻之〔1〕，后卒乘吴北会诸侯于黄池之际〔2〕，国内空虚，因而捣之〔3〕，大获全胜（《国语·吴语·越语下》）。

【注释】

〔1〕蟹稻不遗种：蟹，螃蟹。种，种子。全句意为螃蟹和稻谷连种子都没有留下，说明发生大旱灾，处于危急之中。

〔2〕乘吴北会诸侯于黄池之际：黄池，中原地名。吴，这里指吴王夫差。全句意为趁吴王夫差到黄池与诸侯会盟的机会。

〔3〕因而捣之：因，凭借。捣，打击。全句意为趁此有利时机，打击敌人。

【译文】

敌人国内处境艰难，就乘机占领其土地；敌人受到邻国的侵略，就乘机掠夺其民众；敌人内外交困，就乘机占领其国家。例如：越王勾践乘吴国发生大旱灾，连螃蟹和稻谷的种子都没有留下的时机策划进攻吴国。后来终于等到吴王夫差率领精锐部队到黄池与诸侯会盟从而造成国内空虚的时机，乘势发起进攻，很快灭亡了吴国，取得大胜（《国语·吴语·越语下》）。

【战例】

刘邦“趁火”灭项羽

秦始皇死后，天下群雄，一时蜂起，争夺霸权，鏖战不息。其中以项羽和刘邦相争最激烈，史称“楚汉之争”。这种局面持续了三年多，最初项羽因兵强马壮，赢得压倒刘邦的优势，于是，刘邦屡战屡败，经常被打得溃不成军。

但刘邦却从不泄气，败后又重整旗鼓，依然保持坚强的斗志，加上身边有良臣勇将的协助，终于变劣势为优势，情况大大改观。第三年，项羽已陷于孤立的状态，刘邦虽然在兵力上占了优势，但由于历经三年的争战，也显得疲惫不堪。于是，双方达成了停战协定，项羽率军返国，刘邦也撤军回返。

就在此时，军师张良和陈平向刘邦进言道：“现在天下大半已在我们的掌握之中，各方诸侯也大多倾向我方，如今项羽却是兵力折损，粮食即将告罄，这正是天赐良机，如果不趁这个机会攻击，则将‘养虎遗祸’。”

刘邦听后，觉得有理，虽然手下军队也饱受连年征战的辛劳，但从数量、士气、兵械、粮草等等都大大占了优势，便毁约与项羽重新开战，挥师乘势追击，项军措手不及，被打得落花流水，终于灭亡。

【精评】

趁火打劫是乘人之危劫掳别人财物或把别人搞垮，一言以蔽之，就是把自己的利益建立在别人的痛苦之上。此计用在军事上是指当敌人遇到麻烦或危难的时候，就要乘此机会出兵攻击，制服敌人。在政治斗争中则表现为，当对手内部有乱或处于险境时，要趁机打击他，这同落井下石有相通之处。在现代的经济斗争中，其应用与政治和军事上有相同的含义，即趁对手处于危险境地时，落井下石，从而使自己获得利益。

第六计　声东击西

【计名由来】

声东击西计，出自杜佑（735—812）所著《通典》第一百五十三卷《兵六》一章："声言击东，其实击西。"其实，《孙子兵法》早有"攻其不备"的思想。《淮南子·兵略训》更把"将欲西而示之以东"作为重要的"用兵之道"，《韩非子·说林上》也说："今荆人起兵将攻齐，臣恐其攻齐为声，而以袭秦为实也。不如备之，戍东边，荆人辍行。"本计的特点是：以假象造成敌人的错觉，采用灵活机动的军事行动，忽东忽西，不攻而攻，攻而不攻，似可为而不为，似不可为而为，伪装攻击方向，出其不意，夺取胜利。

【原文】

敌志乱萃〔1〕，不虞〔2〕，坤下兑上之象〔3〕，利其不自主而取之〔4〕。

【注释】

周亚夫　西汉将领。沛县（今江苏沛县）人。太尉周勃之子，初封条侯。景帝三年（前154），以太尉之职平定吴、楚等七国之乱，迁为丞相。

〔1〕敌志乱萃：萃，野草丛生。全句意为敌人神志慌乱，失去明确的主攻方向。

〔2〕不虞：意料不到。

〔3〕坤下兑上之象：《易经》萃卦下卦为坤，上卦为兑。此卦三阴聚于下，二阳聚于上，各依其类以相保，群阴虽处致用之地，高居最上之位，都为了保阳，所以萃卦六爻都说"无咎"。如果使这种群阴保阳的局面受到扰乱，就将祸乱丛集，有意料不到的困难与危险。

〔4〕利其不自主而攻之：不自主，即不能自主地把握自己的前进方向和攻击目标。全句意为，敌人不能把握自己的前进方向，对我方有利，应乘机进攻、打击敌人。

【译文】

当敌人神志慌乱时，无法正确预料和应付实施事变和复杂局面，正如坤下兑上的萃卦受到扰乱一样，要利用敌人这种不能自主地把握前进方向的时机，对敌人发起攻击。

【前人批语】

西汉，七国反[1]，周亚夫坚壁不战[2]。吴兵奔壁之东南陬[3]，亚夫便备西北；已而吴王精兵果攻西北，遂不得入。此敌志不乱，能自主也。汉末，朱儁[4]围黄巾于宛[5]，张围结垒，起土山以临城内，鸣鼓攻其西南，黄巾悉众赴之，儁自将精兵五千，掩其东北[6]，遂乘虚而入。此敌志乱萃，不虞也。然则声东击西之策，须视敌志乱否为定。乱，则胜；不乱，将自取败亡。险策也！

【注释】

〔1〕七国反：指汉景帝时（前154），吴、楚、胶西、胶东、菑川、济南、赵等七国联合叛乱。西汉初年，因统治力量达不到全国，便采取封同姓王分地统治的办法。后来，诸王力量逐渐扩大，形成割据。景帝采纳晁错建议，削减诸王权势。以吴王刘濞为首，联合六国，借诛晁错为名，起兵叛乱，后来被周亚夫用武力讨平。

〔2〕周亚夫坚壁不战：周亚夫（?—前143），西汉名将周勃之子，沛郡（今江苏沛县）人。七国叛乱，奉命讨伐，坚毅果敢，三月而平息叛乱。因功升丞相职。坚壁不战，即固守寨堡不出战，等敌人粮尽力竭后，再举行反击。

司马懿　三国时魏国大臣。字仲达。河内温县（今河南温县西）人。初为曹操主薄，多谋略，善权变。后为魏文帝曹丕重臣。嘉平元年（249），发动政变杀曹雁，独揽国政。

〔3〕东南陬：东南角落。

〔4〕朱儁（?—195）：字公伟，东汉会稽上虞（今浙江上虞）人。公元184年黄巾起义，朱儁同皇甫嵩等前往颍川、汝南、陈国等地进行镇压，又围攻韩忠十万人于宛城，获大胜。

〔5〕宛：今河南南阳。

〔6〕掩其东北：突然袭击东北角。

【译文】

西汉景帝时，七国叛乱。周亚夫固守寨堡，不向叛军出战。叛军攻打东南角，亚夫识破敌人声东击西之计，在西北方向加强防备，不久，吴王精兵果然进攻西北面，但没有成功。这是统帅的神志不乱，能够自有主张的结果。西汉末年，朱儁包围了宛城（今河南南阳）的黄巾军。在城外堆起一座土山，面对城内，吹响鼓角，进攻西南角，黄巾军立即集结到西南面进行抵抗，朱儁却亲自率领五千精兵，突然从东北面进行袭击，得以乘虚而攻入。此是敌人神志慌乱，对战场形势不能正确预料和判断的结果。这样说来，声东击西的计策，必须看敌人是否真能被迷惑而定。敌人慌乱不能自主，就能取胜；敌人不慌乱，不上当，用此计，就可能自取灭亡。所以，这是一个有风险的计策。

【战例】

声东击西　将计就计

蜀汉建兴七年（229），诸葛亮兵出祁山，分作三寨，专候魏军到来。闻知蜀军进犯，魏军统帅司马懿以张郃为先锋，戴陵为副将，率军十万前往祁山迎敌。大军到达祁山后，下寨于渭水之南，当即有前锋部将郭淮、孙礼入寨参见。司马懿问道："前线情况如何？你们是否已经与蜀军交锋？"郭、孙二人回答说："蜀军刚到数日，尚未出战。"司马懿说："蜀军千里远道而来，利于速战，今不急于出战，其中必有阴谋。"说罢，又问陇西各路有什么信息。郭淮回答说："据派出的细作探听，陇西各郡守军都十分用心，日夜提防，并无意外情况，只有武都、阴平二处，尚未得到消息。"司马懿听到郭、孙二将禀报的军情后，用心思索了一下，想出了一条计策，对着郭淮、孙礼说："明日我亲自领兵出阵与诸葛亮交战，你二人可急从小路前往增援武都、阴平，并从背后掩袭蜀军，这样可使蜀军阵势自乱，我军再乘乱出击，可获全胜。"郭、孙二人受计后，立即领五千人马从陇西小路，直奔武都、阴平，并将按计就势从蜀军背后发起奇袭。却未料二人领兵正行进间，忽然哨马来报，说是武都、阴平已先后被蜀将王平、姜维攻破，魏军（指郭、孙二将率领的魏兵）前锋已离蜀军不远，孙礼听到这一讯息，心中顿时一阵疑惑慌乱，对着郭淮说："蜀军既已攻破二城，为何尚陈兵城外？其中必定有诈，莫如赶快退兵！"郭淮赞成孙礼的意见，正要下令退兵，忽听一声炮响，山背后闪出一支军马来，大旗上写着"汉丞相诸葛亮"，旗门开处，诸葛亮端坐在一辆车上，左有关兴，右有张苞。郭、孙二人见此情景，不禁大惊失色，只听见诸葛亮坐在车上大声笑道："郭淮、孙礼休想逃走，司马懿搞声东击西计，怎能瞒得过我？他每日派人在正面阵前与我军交战，暗地里却教你们袭击我军背后，妄图乱我大营，我只还他个将计就计，现在武都、阴平已被我军攻取，你二人还不早早投降？"郭淮、孔礼听到这话更是十分慌张，却又听到背后喊杀连天，原来是王平、姜维又领一支蜀军杀到，与前面的关兴、张苞形成前后夹攻之势，一时间，魏兵大败，郭淮、孙礼也只得弃马爬山而走……

【精评】

声东击西讲的是出奇制胜，其目的在于转移敌人的目标，使其疏于防范，然后再乘其不意，攻其不备。凡是干任何一件事，为了消除当前人为的阻力，减少本身的损失，一定要设法分散对方的力量，或松懈其意志，才可以乘虚而入，达到目的。此计的用法很多，但有一个前提很重要，那就是本身的企图和行动要绝对秘密，这样才能时刻争取主动，否则就会处处被动，处处受牵制。

第二套　敌战计

第七计　无中生有

【计名由来】

本计计语出自中国古代哲学家(也有的称为兵家)老子所著《道德经》第四十章："天下万物生于有，有生于无。"老子揭示了万物的有与无相互依存，相互变化的规律。我国古代军事家尉缭子把老子的辩证法思想运用到军事上，进一步分析虚无与实有的关系。《尉缭子·战权》中说："战权在乎道之所极，有者无之，安所信之？"主张以无的假相迷惑敌人，乘敌人对"无"习以为常之际，化无为有，化虚为实，出其不意，打击敌人。可见，本计的特点是，制造一种假相，有意让敌人识破，使之失去警惕，然后又化无为有，化假为真，化虚为实。真的攻击敌人了，而敌人却仍然以为是假的，不做防备，从而战而胜之。

【原文】

诳也，非诳也[1]，实其所诳也[2]。少阴、太阴、太阳[3]。

【注释】

〔1〕诳也，非诳也：诳，欺骗，迷惑。全句意为虚假之事又非虚假之事。

〔2〕实其所诳也：实，实在，真实。实其所诳，是说把真实的东西充实到假象之中。

〔3〕少阴、太阴、太阳：原指《周易》中的兑卦（少阴）、巽卦（太阴）、震卦（太阳）。这里少阴是指稍微隐蔽的军事行动，太阴是指大的秘密军事行动，太阳则是指大的、公开的军事行动。全句意为，在稍微隐蔽的行动中隐藏着大的秘密行动。大的秘密行动，也许正是在非常公开的、大的行动掩护下进行的。参考第一计"太阴、太阳"解。

张巡　唐代南阳（今河南南阳）人，生于唐中宗景龙二年（708），卒于唐肃宗至德二载（757）。

【译文】

用假象迷惑敌人，但又不完全是造假，因为在虚假情况中又有真实的行动。在稍微隐蔽的军事行动中，隐藏着大的军事行动；大的隐蔽的军事行动，又常常在非常公开的、大的军事行动中进行。

【前人批语】

无而示有，诳也。诳不可久而易觉，故无不可以终无。无中生有，则由诳而真、由虚而实矣。无不可以败敌，生有则败敌矣。如令狐潮围雍丘〔1〕，张巡缚蒿为人千余〔2〕，披黑衣，夜缒城下〔3〕，潮兵争射之，得箭数十万。其后复夜缒人，潮兵笑，不设备，乃以死士五百斫潮营，焚垒幕，追奔十余里。

【注释】

〔1〕令狐潮：唐代安禄山的部将，原是雍丘县（今河南杞县）县令，张巡的同窗。安禄山、史思明叛乱时投降叛军，后率军围攻雍丘，被张巡打败。

〔2〕张巡：唐代南阳（今河南南阳）人，原为真源县县令。安史之乱时，受到群众拥戴，率军坚守雍丘，与数倍于己的叛军激战，击败令狐潮。后移守睢阳（今河南商丘南），坚持数月。张巡足智多谋，善于用计，打了很多漂亮仗，后因兵尽粮绝，壮烈牺牲，人们为他建祠以表纪念。

〔3〕缒：用绳子系住人或物，从上往下送，为古代防守时一种出城方法。

【译文】

无而装作有，这就是欺骗。欺骗行为不能长期使用，长期使用容易被对方发觉，因此，空无不能始终空无。使无转变为有，这就是由假转变为真，由虚转变为实。自始至终是无，那是不能打败敌人的。由无变为有，就能击败敌人。如唐朝叛将令狐潮围攻雍丘城，雍丘城守将张巡命士兵扎一千个草人，披上黑色衣服，夜里用绳子放下城去。令狐潮的士兵争先恐后地朝草人射箭，张巡一夜之间得到几十万支箭。后来，张巡夜里再把人放下城去，令狐潮的士兵看着好笑，以为又是草人，并不防备。于是，张巡选派五百名敢死队员，连夜放下城去，攻击令狐潮的军营，烧毁营帐，把令狐潮的部队追杀到十多里之外去了。

【战例】

“无中生有”败苻坚

东晋末年，前秦皇帝苻坚占据中国北方。当时东晋王朝的首都在南京，由谢安担任宰相。苻坚野心勃勃欲灭东晋以统一中国，于是强征各族人马，动员百万大军，向东晋发起大规模的侵略战争。而东晋却只有八万甲兵，由谢石、谢玄率领。双方力量的对比甚为悬殊。

公元 383 年，十月，苻融率领的前秦军攻克淝水西岸重镇寿阳（今安徽寿县）。接着把前来援助的晋军前围困在硖石（今安徽凤台县西南），并控制了洛涧（今安徽定远县西南），阻止了东面来解围的谢石的晋军。谢石在离洛涧二十五里处扎营。前秦军为初始的局面沾沾自喜，等待晋军来投降，毫无战斗准备。

谢石立刻派五千人连夜偷袭了洛涧的秦军大营。在一片混乱中，前秦军主将梁成被杀，前秦军弃营而逃，晋军紧追不放，大批前秦军跳进淮水淹死。这一夜，前秦军死伤一万五千人，晋军占领了洛涧。天一亮，谢石、谢玄一面派兵乘胜沿淮河西进，解了硖石之围，一面率大军挺进到淮水东岸，隔河与前秦军相望。

苻坚接到前秦军大败的消息，慌忙登上寿阳城楼。向东望去，见晋军旗号鲜明，阵容严整；再听八公山下，传来晋军阵阵操练声。他很吃惊。这时刮来一阵北风，迎风向北远眺，恍惚之间，只见八公山上，漫山都是晋军，他感到心慌意乱。其实，那是八公山上的草木被刮得摇摆起伏。这就是后人说的“草木皆兵”。

这时，谢玄派了一名使者去寿阳，请求前秦军后退腾开一块地方，以便晋军过河决战。苻坚认为前秦军有近百万大军，以决战消灭晋军不成问题；如果不让出一块地方来，倒显得自己胆怯了。

他灭东晋心切，同意后退，并想趁晋军渡河时再出奇兵消灭他们。苻坚讥笑晋军太不自量力了。其实，谢玄早料到苻坚的想法，故意装出螳臂挡车不自量力的错举，使苻坚轻敌；而且正确估计了秦军多是被强征来的各民族士兵，矛盾纠纷很多，而且都有厌战动摇的心理，从而大胆制定了以假相掩盖真相，以少胜多的策略。

苻坚出了寿阳城，命令苻融传令全军后退，让出战场。没想到前秦军士兵乘机争先恐后地向后奔跑，谁也不愿去送死，几十万大军人挤马踏，乱成一团。这时东晋的间谍在前秦军的后阵连声大喊：“秦军败啦！”后阵的军队以为是前阵败了下来，转身向后狂逃。各队的将领被狂奔的人群拥推着后退，已无法阻止。晋军乘机渡过淝水大举冲杀过来。前秦军先锋苻融竟被冲来的人流撞下了马，被晋军乱刀砍死。前秦军失去统帅，如脱缰的野马，向寿阳西北逃命，狂奔中听到风声鹤唳，也以为是追兵到了。逃出来的士兵已断了炊火，又冻又饿又没有接济，又死了十之七八。苻坚在逃跑中，肩膀也中了一箭。等他逃回洛阳时，只剩十几万人了。

东晋的兵力只有前秦的十分之一，为什么能大获全胜呢？关键在于苻坚被晋军无中生有的状况所惑，产生错觉而恐惧所致。

【精评】

无中生有，就是真真假假，虚虚实实，以假乱真，以真代假，让敌人摸不着头脑。“无”是假的现象，目的是为了掩盖真的意图。无中生有的妙处在于使敌人防不胜防，其关键在于掌握对手的心理。可以说，无中生有的应用是高级将领斗智的最高境界。在现代商战的领域中，“无中生有”常被用作骗术，欺骗顾客，这应当引起我们足够的警惕。

第八计 暗度陈仓

【计名由来】

本计全称为“明修栈道，暗度陈仓”，出自司马迁《史记·淮阴侯列传》。秦末，项羽与刘邦为争夺天下，进行了为期四年的“楚汉战争”。刘邦首先攻入咸阳，自立为关中王。项羽军事力量强大，刘邦把咸阳和关中让给了项羽，自己到了汉中。与刘邦的守地汉中相邻的是章邯。刘邦为了迷惑项羽，防止章邯入侵，把出入汉中的栈道烧毁了。后来，刘邦逐渐强大起来，命韩信为大将，出兵与项羽一决雌雄。为了迷惑敌人，韩信派了一万多人马去修复烧毁的栈道。栈道修复工程艰巨，进展缓慢。章邯料定栈道修复决非易事，毫无戒备，殊不知韩信的主力已抄小路向陈仓进军，很快攻下咸阳，占领关中。韩信采用一明一暗，以明掩暗的计谋，取得了夺取关中的重大胜利。这就是“暗度陈仓”的由来。本计的特点是：将真实的意图隐藏在不令人生疑的行动的背后，将奇特的、非一般的、非正规的、非习惯的行动隐藏在普通的、一般的、正规的、习惯的行动背后，迂回进攻，出奇制胜。“明修栈道”表示公开的行动，“暗度陈仓”表示隐藏的真实意图。

【原文】

示之以动〔1〕，利其静而有主〔2〕，益动而巽〔3〕。

【注释】

〔1〕示之以动：动，行动、动作，这里是指军事行动。全句意为把佯攻的行动故意显示在敌人面前。

〔2〕利其静而有主：静，平静。主，主张。全句意为利用敌人已决定固守的时机。

〔3〕益动而巽：益和巽，都是《周易》的卦名。《周易·益·彖》说：“益：动而巽，日进无疆。”是说益卦下卦为震、为动，上卦为巽、为风、为顺。意思是说，行动合理、顺理，就会天天顺利，无有止境。又解，益，收益；巽，为动、为前进。联系本计，意为，表面上，努力使行动合乎常情，暗地里，主动迂回进攻敌人，必能有所收益。

【译文】

故意采取佯攻行动，利用敌人已决定固守的时机，暗地里迂回到敌后进行偷袭，乘虚而入，出奇制胜。

【前人批语】

奇出于正[1]，无正则不能出奇。不明修栈道[2]，则不能暗度陈仓。昔邓艾屯白水之北[3]，姜维遣廖化屯白水之南而结营焉[4]。艾谓诸将曰："维令卒还，吾军少，法当来渡[5]，而不作桥，此维使化持我，令不得还，必自东袭取洮城矣。"艾即夜潜军，径到洮城[6]。维果来渡。而艾先至，据城，得以不破。此则是姜维不善用"暗度陈仓"之计，而邓艾察知其"声东击西"之谋也。

邓艾　字士载，义阳郡棘阳（今河南南阳南）人，三国时期魏国杰出的政治家、军事家和战略家。

【注释】

〔1〕奇、正：古代兵法术语之一。奇，是侧翼暗中袭击，正，是正面常规作战。《孙膑兵法·奇正篇》："发而为正，其未发者奇也。"明攻为正，暗袭为奇。《百战奇略·正战》："正兵者，拣士卒，利器械，明赏罚，信号令，且战且前，则胜矣。"《百战奇略·奇战》："凡所谓奇者，攻其无备，出其不意也。"

〔2〕栈道：我国西南地形险要，多悬崖，悬崖间，用木头架路通行，叫栈道。

〔3〕邓艾屯白水之北：邓艾（197—264），三国时棘阳（今河南新野）人，每见高山大泽，就地研究军事部署，被司马懿赞为奇才。初为司马懿掾属，建议屯田开渠。公元249年，与郭淮共同抵抗姜维。姜维撤退，郭淮向西

攻打羌，邓艾说：“贼兵撤退不远，恐将卷土重来，以分兵防备不测为宜。”后来果然在洮城打败姜维。公元 263 年，他同钟会分兵出击，偷渡阴平，一举灭掉蜀国。白水之北，即今四川松潘县东北。

〔4〕姜维（202—264）：三国时天水（今甘肃甘谷）人。蜀汉诸葛亮死后，为军权继承人，多次率兵伐中原，劳而无功。魏军攻蜀，他坚守剑阁。后来后主刘禅降魏，才被迫向钟会投降。后企图恢复蜀汉，事败被杀。廖化：三国时襄阳（今湖北襄阳）人，曾参加黄巾起义，后归蜀汉，为关羽部将。姜维北伐中原时，廖化被任为先锋官、太守、刺史等职，封中公侯。

〔5〕法：这里泛指兵法、兵书。

〔6〕径到洮城：抄小路到洮阳城。

【译文】

出奇制胜的用兵之法来自正常的用兵原则。如果没有正常的用兵原则，也就没有出奇制胜。

不公开地修筑栈道，暗度陈仓就不会成功。三国时代，邓艾屯兵于白水的北面，姜维派廖化在白水的南岸安营扎寨。邓艾对他的将领们说：“姜维突然把他的部队带回去了。我们的兵力少，按照兵法，他应该不等架桥就渡河攻击我军。我断定姜维是为了切断我军退路，派廖化驻扎在河边牵制我们，他自己率大军袭击洮阳城去了。”于是，邓艾带领部队连夜偃旗息鼓，抄小路赶到洮城。姜维果然正在那里渡河。邓艾先一步赶到，据守洮阳城，因而洮阳城未被姜维攻陷。这是姜维不会运用“暗度陈仓”计，而邓艾却识破了他“声东击西”的计谋。

【战例】

韩信大败魏豹

公元前 206 年，楚汉相争。彭城一战，项羽打败了刘邦。这年六月，原来已经归附刘邦的魏豹又叛汉投楚，并率兵占据了刘邦去关中的交通要道——蒲津关。刘邦派谋士郦食其前往魏营争取魏豹，遭到拒绝，于是便以韩信为元帅于同年八月率兵攻魏。魏豹派重兵把守黄河东岸的蒲坂（今山西忻县），封锁了黄河渡口临晋津，阻止汉军渡河……

这一天，韩信等领军到达临晋津，望见对岸尽是魏兵把守，不便径直渡河，于是便命令就地安营扎寨，与魏兵隔河相峙，暗中则派遣精干人员探索上流形势。不久，得到探报，说上流各段都有魏兵严密把守，只有夏阳一处，魏兵较少，防备空虚。韩信听了这一探报，认真分析，想出一条计策来。他先召曹参入帐，命令他立即领兵进山砍伐木材，不论大小，都可有用。接着，又召灌婴，命他派出士兵分头前往市中购买瓦罂数千只，每只瓦罂须能容两石粮食。灌婴听了不知韩信要买瓦罂用途何在，想问个究竟。韩信不予回答，只教他遵令行事。事隔两日，曹参、灌婴先后将所办齐的木材、瓦罂向韩信缴令。韩信又命他们二人按自己的设计制造出一种木罂，即用木头夹住罂底，四周缚成方格，用绳绊住，一格一罂，数十罂合为一排，数千罂分成数十排。灌婴听了韩信这番安排更加纳闷。便问曹参道："大军渡河需要用的船只已经征集了，为何还要这种木罂呢？"曹参回答说："此事我也不太清楚，就按将军命令行事吧！"于是二人日夜督工制造，不消几天，数千只木罂就制齐了。韩信亲自验收，等到当天黄昏时，韩信命令灌婴领数千人在原地不动，并交待只准摇旗擂鼓，守往船只，不得擅自渡河，有敢违命者斩。而韩信自已则与曹参一道督促大军，搬运木罂，趁夜赶到夏阳，并立即将木罂放入河中，每架木罂承载士兵两三人。士兵坐在木罂上用器械划动，木罂行驶四平八稳，并不倾覆；韩信、曹参也跟着坐木罂渡河。好不容易到达对岸，全体将士跳上岸去，整队前进。却说临晋津渡口魏国守将只是率军严守，听到对岸汉军战船列成一排，声声呐喊，更是越加小心，一步也不敢离开。就是魏豹也只注意临晋方向而忽视了夏阳，误以为夏阳平日没有船只，汉军根本无法渡过。可谁知韩信竟用木罂把汉军主力渡过河了呢？汉军在夏阳偷渡成功后，一路前进，毫无阻挡，一直进到东张，才见到有魏军营寨。曹参拍马舞刀，领军向魏营杀去。魏将仓促应战，被汉军击败。汉军又乘胜前进，再取安邑，直捣魏都。魏豹亲自领兵迎敌，又遭大败。魏军弃甲投戈，纷纷请降；魏豹也迫于大势已去，只得下马伏地，束手就擒了。

【精评】

"暗度陈仓"与"声东击西"之计有某些相通之处，都有迷惑敌人、攻其不备的作用，但"暗度陈仓"之计的使用更为复杂。它指在双方对峙的时候，故意另树假目标，明示自己的企图，吸引对方的注意力，而暗地里却积极进行另一个进攻计划。按兵法上说，这是一种奇正相生的战术，也就是一种“避重就轻”的战术。无论在古代还是在今天，“暗度陈仓”之计被广泛应用于各个领域中。

第九计　隔岸观火

【计名由来】

本计名最初见于唐代僧人乾康的诗："隔岸红尘忙似火，当轩青嶂冷如冰。"而其思想，则见于《战国策·燕二》中鹬蚌相争，渔翁得利的故事：蚌张开壳晒太阳时，长嘴鸟去啄它的肉，被蚌夹住了嘴，互相争持不下，结果被渔翁一起捉住了。此计的特点是：以静观变，随变而动，使敌人内部自相残杀、自相削弱。当两股敌对势力相争时，既不援助，也不鲁莽干涉，静观其变，直到事情发展到有利于自己的地步，才相机而动，及时出击，坐收渔翁之利。

【原文】

阳乖序乱，阴以待逆〔1〕。暴戾恣睢〔2〕，其势自毙。顺以动，《豫》，豫顺以动〔3〕。

【注释】

〔1〕阳乖序乱，阴以待逆：阳、阴，指敌我双方两种势力。乖，分崩离析。逆，混乱、暴乱。全句意为，敌方众叛亲离，混乱一团，我方应静观以待其发生大的变乱。

〔2〕暴戾恣睢：穷凶极恶。

〔3〕顺以动，《豫》，豫顺以动：语出《周易·豫·彖》："豫，刚应而志行，顺以动，豫。豫顺以动，故天地如之，而况建侯行师乎？"豫即喜悦。豫卦坤下震上。顺以动，坤在下，是顺。震在上，是动。意思是说，阴阳相应，天地之间也能任你纵横，何况建诸侯国、出兵打仗呢？ 这些目的一定能达到。用在本计上，即以欣喜的心情，静观敌方发生有利于我方的变动，以便顺势而制之。

【译文】

当敌人内部发生矛盾时，我方应静观待其发生变乱。敌人穷凶极恶，自相仇杀，必然自取灭亡。顺应时势而行动，就能像《豫》卦所说的那样，要达到令人喜悦的目的，必须顺应时势行动，不宜操之过急。

【前人批语】

乖气浮张，逼则受击[1]，退则远之，则乱自起。昔袁尚、袁熙奔辽东，众尚有数千骑[2]。初，辽东太守公孙康[3]，恃远不服。及曹操破乌丸[4]，或说操遂征之，尚兄弟可擒也。操曰："吾方使康斩送尚、熙首来，不烦兵矣。"九月，操引兵自柳城还[5]，康即斩尚、熙，传其首。诸将问其故，操曰："彼素畏尚等，吾急之，则并力；缓之，则相图[6]。其势然也。"或曰：此兵书火攻之道也。按兵书《火攻篇》[7]，前段言火攻之法，后段言慎动之理，与融岸观火之意，亦相吻合。

【注释】

〔1〕乖气浮张，逼则受击：乖气，即敌方分崩离析的情势、氛围。全句意为，敌人内讧的情势出现时，如果去逼迫它，就会遭到它的还击。

〔2〕袁尚、袁熙：三国时袁绍的儿子。袁绍死后，他的儿子袁谭在南皮城被曹操杀害，袁尚、袁熙被魏将焦触、张南攻打，逃奔到辽西的乌丸（即乌桓）；乌丸被打败，又逃到公孙康那里，后被公孙康用计抓获，斩首。

〔3〕公孙康：三国时公孙度的儿子。辽东襄平（今辽宁辽阳北）人，因斩袁氏兄弟有功，被曹操拜为左将军。

〔4〕乌丸：即乌桓，东胡族。居乌桓山（今辽宁昭乌达盟阿鲁尔科沁镇西北）。东汉末曹操灭乌丸，其遗族后迁那河（今嫩江）之北，自称"乌丸国"。

〔5〕柳城：在今辽宁锦县西北。

〔6〕急之，则并力；缓之，则相图：并力，联合起来对外。相图，相互图谋，相互倾轧。全句意为，逼得太急，敌人就会联合起来，一致对外；慢慢耐心等待，敌人以为没有外敌，就会内部相互倾轧。

〔7〕《火攻篇》：《孙子兵法》篇目之一。该篇论述了火攻的种类、方法，以及将帅慎重用兵的道理。篇中说，贤明的君主和优良的将领，没有利益可图的时候不采取行动，没有收获的计谋不轻易采用，敌人没有遭遇危险，

不急于和他作战……明智的君王对于用兵要十分谨慎，良将对用兵要十分警惕，这是保证国家和军队安全的策略。

【译文】

敌人自相倾轧的势头出现时，不要急于去逼迫它，逼迫它你就会受到反击。如果退避得远远的，敌人就会自己出现内乱。古时候袁尚、袁熙两兄弟逃到辽东去时，还有几千骑兵。开始，辽东太守公孙康凭着自己离曹操很远，不肯服从曹操。后来曹操攻破乌桓，有人劝说曹操立刻乘胜去征讨公孙康，擒捉袁氏兄弟。曹操说：“我会让公孙康乖乖地把袁氏两兄弟的头送来，不用劳烦我们动兵啊！”九月，曹操带兵从柳城回来，公孙康果然砍了二袁的头送来了。诸将问曹操，这是怎么回事。曹操说：“公孙康向来害怕袁氏二兄弟，我如果急于去攻打公孙康，他们就会联合起来对付我；我放松一下，他们就会自相残杀。这是必然的情势。”有人说，这是《孙子兵法·火攻篇》的原理。兵书《火攻篇》前段讲火攻的方法，后段讲用兵要十分谨慎，这和“隔岸观火”计，意思是相吻合的。

【战例】

隔岸观火　翦除二袁

三国时，三郡乌桓趁中原地区混乱之际，大肆侵占幽州地区，许多汉人都被俘，因而有十多万户都受其统治。袁绍占领冀州的时候，为利用他们巩固自己的地盘，把乌桓的三个首领都立为单于，还把本家的女子嫁给他们。三郡乌桓中，要数辽西单于蹋顿最强大，所以袁熙、袁尚兄弟俩一起投奔他。辽西单于联合辽东单于和右北平单于，一步步地侵入内地。幽州六郡的都督鲜于辅只好向曹操求救。曹操虽然不把袁尚兄弟俩放在眼里，但他们派兵攻打幽州一事却必须小心谨慎。

三郡乌桓得知中原的大军进攻，只稍加抵抗，就退兵塞外，以保存实力。并州刺史高干得知曹操发兵攻打乌桓，就再一次叛变了。他捉住上党太守之后，派兵把守壶关口，俨然做起土皇帝来。曹操只得暂不与乌桓交战，派出精兵攻打并州，迅速夺下了壶关口。高干退到壶关城，全力死守，曹操始终未能攻下。

建安十一年（206）春天，曹操亲自率大军征伐高干。围攻壶关城两个多月，仍未能攻下。高干命令将士死守，自己急速到匈奴向单于求救。高干到了边界，正遇到匈奴的左贤王，并极其诚恳地求救于他，而左贤王认为他这样做只会把灾祸引到自己身上来，就没有答应高干的请求，策马奔走了。

高干只好垂头丧气地返回，谁知还在途中，就听说并州守将投降了曹操。他决定往南方投奔刘表。到了上洛地界，不幸被上洛都尉捉住杀掉了。因此，以前袁绍所占据的青州、冀州、幽州、并州，全都平息。可是袁尚弟兄投奔乌桓，辽西乌桓蹋顿帮着他们屡次对边塞侵犯，打算夺取更多的土地。曹操认识到抵抗乌桓是件大事，他深知“兵马未动，粮草先行”，要与乌桓打仗，非同小可，还必须有一条畅通的运粮道路。于是他就动用大批的民工，挖通从呼沱河到泒水的平虏渠和从沟河口到清河的泉州渠，作为运粮的要道，然后召集臣僚商议出兵乌桓的事。

然而，大多数将士不同意与乌桓交战。他们认为袁氏兄弟早已走投无路，即使逃到乌桓那里，也不会对中原有什么大的伤害。况且，万一刘备、刘表趁着许都空虚，偷袭过来，来不及救应，又如何是好？谋士郭嘉认为袁氏一向厚待乌桓，乌桓正可以借口替袁氏报仇，同时扩张自己的势力。要是袁尚兄弟号召乌桓人和边界上的汉人大举进攻，这祸患非同小可。而且，四个州里忠于袁绍的人定不死心，必然乘机起来反抗，这也是不可轻估的力量。所以袁尚弟兄非除灭不可。

曹操完全同意郭嘉的见解，当即发兵，浩浩荡荡往北挺进。到了易城，打算下令休息。郭嘉建议先派轻骑前往，辎重随后跟上。曹操认为没有领路的人，为了安全起见，还是要稳扎稳打。郭嘉说：“当初幽州牧刘虞的助手田畴反对公孙瓒，隐居在无终（古县名，在今河北蓟县），后来袁绍灭了公孙瓒，请他做大官，他却未去。田畴是右北平人，熟悉北方情况，把他请来，就有带路的人了。”

于是曹操派使者前往请田畴，田畴满口答应，当即准备动身。他随着使者去见曹操，彼此谈得很投机，大有相见恨晚之感。曹操就请他跟着大军到了无终。时值夏天，连降大雨，路途泥泞，进军困难。加之沿路关口和要道上还有敌人，想尽各种办法阻挠大军前进。为此，曹操直皱眉头，他问田畴有何良策， 田畴详细地告诉曹操：“这条路虽说是直通前方的大路，但由于夏季雨水颇多的原因，使得军队车马行进都十分困难，但有条叫作卢龙的古路，虽然已被毁坏，但还是可以找到的。乌桓人只知道大军由无终大路向北前进，认为只要守住关口，就能阻止大军前进。如果大军绕道由卢龙口通过，暗暗地翻山越岭一直通到乌桓的心脏地区，乌桓的头领就是再厉害，也一定被明公擒获。”

因而曹操听从了田畴的这一建议，并请田畴为向导，由卢龙口进军，翻山越岭，偷偷地走了五百多里，经过白檀、平冈和鲜卑庭（鲜卑族人管辖地区），再往东到柳城只差二百里地。临到这时候，才被乌桓发现，蹋顿慌忙布置抵抗，带着袁尚、袁熙，联合辽东单于、右北平单于等几万骑兵仓促应战。

曹军到达白狼山，远远地就见乌桓兵骑兵之多，数不胜数，就感到害怕。曹操上山瞭望之后，对张辽说:“乌桓士兵人数虽多，但队伍不整齐，不要害怕。你先下山打一阵！”张辽立刻下山，许褚、徐晃、于禁紧跟着打头阵。他们冲到敌人的阵营中很快就把敌阵捣破。蹋顿还在惊慌失措之时，就被张辽一剑刺死。而袁氏兄弟二人却急忙向辽东方向逃命。

将士们都主张紧追不舍，曹操反而下令退兵。他还说：“辽东太守自然会把他们的人头送来，你们等着吧！”果真如曹操料想的那样，辽东太守提着二人人头前来。

原来辽东太守公孙康是公孙度的儿子。公孙度由董卓推荐为辽东太守。他趁着中原混乱的机会，自称为辽东侯，向东向西扩张了一些地盘，后来势力越来越大，就独霸一方。曹操因为辽东太远，有意笼络公孙度，拜其为武威将军，封永宁乡侯。公孙度不接受这些封号，直到他死后，他的儿子公孙康继承了父亲的地位，袁绍占领冀州时候，一直想吞并辽东，未能得手，此刻袁熙、袁尚被曹操打得走投无路，在万不得已的情况下逃到了辽东。

袁尚、袁熙兄弟俩在路上商议到了辽东，公孙康必然出来迎接，乘其没有提防，当场把他打死。得到辽东后，再想办法收复四州。然而公孙康比他们想得更周到，一探听到袁尚、袁熙兄弟前来投靠，就料到他们的来意是来夺取、占领地盘的。等到袁氏兄弟二人准备乘见面时刺死公孙康时，他们刚到了中门，暗藏的武士突然跳了出来把他俩捉住，他们连拔刀的工夫都来不及，就被杀死了。

公孙康吩咐武士把他兄弟俩的头砍下，派人送到易城。曹操封公孙康为襄平侯，拜为左将军。

众将向曹操请教其中的奥妙。曹操回答说："公孙康素来害怕袁熙、袁尚吞并他，今日二袁兄弟上门，他必然猜疑。如果我们用兵急攻，他们必然会合力抗拒我军，所以我们要故意放松，让他们自相残杀，公孙康杀了二袁，向朝廷送个人情。这是情理上应有的事，只是诸君没仔细想想罢了。"众将一听才明白这是用的"隔岸观火"计谋，莫不对曹操心悦诚服。

【精评】

隔岸观火，意同"坐山观虎斗"，使用的正确方法是静止不动，让他们互相残杀，力量削弱，甚至自行瓦解。但隔岸观火要根据具体情况运用，"观"并不等于消极地观，除了观之外，还要想办法让火烧得更大，甚至还要趁火打劫，从中渔利。当然，当火未烧起时，敌人内部矛盾尚未激化时，不是隔岸观火，而是趁火打劫，那就错了，因为火候不到，一施加压力，敌人就会消除矛盾，团结起来，一致对外。

第十计　笑里藏刀

【计名由来】

本计语出唐白居易诗《天可度》：“笑中有刀潜杀人”，是白居易对唐高宗宠臣李义府为人的评价。《旧唐书》载：“义府貌状温恭，与人语必嬉怡微笑，而褊忌阴贼。既处权要，欲人附己，微忤意者，则加倾陷。故时人言：义府笑中有刀。”《资治通鉴》评李林甫“口有蜜，腹有剑”，也与此义相近。本计的特点是：以表面上的友好、善良和美丽的言词、举止作为假相，掩盖阴险毒辣的用心和企图。在军事谋略上，一般指通过政治外交手段，欺骗麻痹对方，以掩盖其突然的或重大的军事行动。

【原文】

信而安之，阴以图之〔1〕；备而后动，勿使有变〔2〕。刚中柔外也〔3〕。

【注释】

〔1〕信而安之，阴以图之：阴，暗地里。图，图谋。全句意为，表面上使对方深信不疑，从而安下心来，暗地里却另有图谋。

〔2〕备而后动，勿使有变：备，这里是指充分准备。变，这里是指发生意外的变化。

〔3〕刚中柔外也：表面上友善，内里却很强硬，表里不相一致。

【译文】

表面上要做得使敌人深信不疑，从而使其安下心来，丧失警惕；暗地里我方却另有图谋。要做好充分准备，然后再采取行动，不要引起敌方发生意外的变故。这就是外表上柔和，骨子里却要刚强的谋略。

白居易　唐代诗人，字乐天，号香山居士，祖籍太原。晚年官至太子少傅，谥号“文”，世称白傅、白文公。

【前人批语】

兵书云："辞卑而益备者，进也[1]；……无约而请和者，谋也[2]。"故凡敌人之巧言令色[3]，皆杀机之外露也。宋曹玮知渭州[4]，号令明肃，西夏人惮之[5]。一日玮方对客弈棋，会有叛卒数千，亡奔夏境。堠骑报至[6]，诸将相顾失色，公言笑如平时，徐谓骑曰："吾命也，汝勿显言。"西夏人闻之，以为袭己，尽杀之。此临机应变之用也。若勾践之事夫差则竟使其久而安之矣[7]。

【注释】

〔1〕辞卑而益备者，进也：辞卑，言辞谦卑。益备，更加紧战备。进，进攻，或以退为进。

〔2〕无约而请和者，谋也：约，预先邀请，相约。谋，计谋。

〔3〕巧言令色：花言巧语和虚伪的面孔。

〔4〕曹玮（973—1030）：宋代名将曹彬的第四个儿子。字宝臣，十九岁时，治理渭州。喜读《春秋》三传，精研左氏兵法，多谋善断，智勇双全。带兵近四十年，连小小的失利都没有过。唃厮啰听说曹玮的名字，都向他所在的方向合掌致敬。契丹的使者从天雄经过，马上传下命令："曹公驻扎在这里，任何人也不准在这里随意骑马横冲直撞。"

〔5〕西夏：古国名，为党项族领袖李元昊所创建，建都于兴庆（今宁夏回族自治区银川东南），史称西夏，公元1227年被成吉思汗灭亡，共传十帝，统治一百九十多年。

〔6〕堠骑：堠，古代观察敌情的土堡。堠骑即骑兵侦察员。

〔7〕勾践（?—前465）：春秋末越国国王，其父允常，被吴王阖闾

越王勾践剑　春秋晚期兵器。1965年出土于湖北省江陵县望山，长55.7厘米，宽4.6厘米，柄长8.4厘米。铭文：越王鸠浅自制用铜。现藏于湖北省博物馆。

打败，勾践为父报仇，击败了阖闾，又被阖闾之子夫差所击败，当了俘虏，被囚于会稽。勾践靠十年发奋图强，又献美女、珍宝给夫差，使其思想麻痹，然后突然攻破吴国，夫差被迫自刎。夫差（?—前 473）：春秋末年吴国国王，吴王阖闾之子，曾在夫椒（今江苏苏州附近）打败越国军队，并迫使越王勾践屈服，后在黄池和晋国争霸时，被越国乘虚攻入，国破，自杀而死。

【译文】

兵书中写道：“敌人的言辞谦卑，却又加紧战备，这是要发起进攻的征候……没有预先相约而请求讲和，一定是另有诈谋。”所以，凡是花言巧语、满脸堆笑的敌人，皆是内藏杀机的外在表露。宋代曹玮在渭州做知州时，军纪严明，西夏人都很害怕他。有一天，曹玮正在同客人下棋，突然有几千名士兵叛变，逃到西夏去。当边防侦骑前来报信时，许多部将都大惊失色，而曹玮却谈笑自如，好像没事一样，并且缓缓地告诉侦骑说：“他们是遵照我们命令去做的，你不要声张！”西夏人听到这个消息，以为这些叛军是被派来杀他们的，就把他们都杀死了。这是曹玮临机应变谋略的应用。再比如越王勾践被俘后臣服吴王夫差，竟使夫差长期受蒙蔽而丧失警惕，也是运用“笑里藏刀”之计的结果。

【战例】

陆逊笑里藏刀奔荆州

三国时期，由于荆州地理位置十分重要，成为兵家必争之地。公元 217 年，鲁肃病死，孙、刘联合抗曹已经结束。当时关羽镇守荆州，孙权久存夺取荆州之心，只是时机尚未成熟。不久以后，关羽发兵进攻曹操控制的樊城，怕有后患，留下重兵驻守公安、南郡，保卫荆州。孙权手下大将吕蒙认为夺取荆州的时机已到，但因有病在身，就建议孙权派当时毫无名气的青年将领陆逊接替他的职位，驻守陆口。陆逊上任，并不显山露水，定下了与关羽假和好、真备战的策略。他给关羽寄去一信，信中极力

关羽　字云长，河东解良（今山西运城）人。三国时期蜀汉著名将领。死后被民间尊称为“关公”“武圣”。

夸耀关羽，称关羽功高威重，可与晋文公、韩信齐名。自称一介书生，年纪太轻，难担大任，要关羽多加指教。关羽为人，骄傲自负，目中无人，读罢陆逊的信，仰天大笑，说道："无虑江东矣！"马上从防守荆州的守军中调出大部人马，一心一意攻打樊城。陆逊暗地派人向曹操通风报信，约定双方一起行动，夹击关羽。孙权认定夺取荆州的时机已经成熟，派吕蒙为先锋，向荆州进发。吕蒙将精锐部队埋伏在改装成商船的战舰内，日夜兼程，突然袭击，攻下南郡。关羽得讯，急忙回师，但为时已晚，孙权大军已占领荆州。关羽只得退走麦城。

杯酒释兵权

赵匡胤建立大宋后，惟恐江山被自己的功臣夺走，于是请大将石守信等人饮酒。酒过三巡，宋太祖说："没有你们的力量，我不可能有今天，我将永远铭记你们的恩德。但是做天子也不容易，别人也想得到这个位置，我现在是夜不安枕啊。"群臣大惊，说："如今天命已定，谁还会有异心？"宋太祖接着说："你们当然不会有这个异心，但假如有一天你们手下的人弄件黄袍披在你们身上，你们不当皇帝也没有生路啊。"石守信等人大惊失色，慌忙请求太祖指条生路，太祖说："你们何不放弃兵权，去过荣华富贵的日子，我们君臣之间，也可免去一些猜忌。"石守信等人听了这番恩威并施的话，第二天便主动提出辞官，请求太祖解除他们的兵权。这样，赵匡胤就在饮酒谈笑之间，巧妙地解除了功臣们的兵权，免去心头之患。这件事史称"杯酒释兵权"。

石守信　开封浚仪（今河南开封）人。北宋初期著名将领，开国功臣。

赵匡胤称帝之初，节度使势力强大，骄横跋扈，难以管制，时称"十兄弟"。赵把他们十人召来，每人授佩剑一把，强弓一副，良马一匹。然后只身上马，不带卫士，和十兄弟到皇宫外林子中去饮酒。几杯酒后，赵说："这里僻静无人，你们谁想当皇帝，杀了我，便可以去登基。"十兄弟被镇住了，一个个不寒而栗，拜伏在地，连声说："不敢不敢。"赵再三催问，他们不敢言语。从此，节度使们对赵顺从有加。

【精评】

笑里藏刀是一种表面友善而暗藏杀机的谋略。表面上装出谦恭敦厚，和蔼可亲，以假诚恳争取真诚恳，以假同情换取真同情，而实际上却使对方不知不觉陷入自己设的圈套中。因为笑是美丽的，哭是丑恶的，所以上哭的当的人少，而上笑的当的人却很多。即所谓哭声不会淹没英雄，而笑声则足以埋葬豪杰。由于口蜜腹剑的人太多，所以饱经世故的人，最提防的是见面笑嘻嘻，握手亲亲热热的人。

第十一计　李代桃僵

【计名由来】

本计语出《乐府诗集·鸡鸣》。诗中说："桃生露井上，李树生桃旁。虫来啮桃根，李树代桃僵。树木身相代，兄弟还相忘？"此诗的本意是比喻兄弟休戚与共的情谊。后人借"李代桃僵"的成语，表示为借助某种手段，以一事物的损失、牺牲来换取另一事物的安全、成功，以局部的牺牲换取全局的胜利的谋略。三国时，曹操与袁绍的南皮之战，曹军故意沿途抛弃粮食、衣物，使袁军争夺，曹军乘势反击，获取大胜。就属运用此计。

【原文】

势必有损[1]，损阴以益阳[2]。

【注释】

〔1〕势必有损：势，局势。损，损失。

〔2〕损阴以益阳：阴，这里是指局部事物。阳，这里是指全局事物。全句意为舍弃某一部分利益，使全局得到增益。

【译文】

当局势发展到损失已不可避免的时候，应该抛弃局部的利益，以求得全局更大的增益。

【前人批语】

我敌之情，各有长短[1]。战争之事，难得全胜。而胜负之决，即在长短之相较。而长短之相较，乃有以短胜长之秘诀[2]。如以下驷敌上驷，以上驷敌中驷，以中驷敌下驷之类[3]，则诚兵家独具之诡谋，非常理之可推测者也。

【注释】

〔1〕我敌之情，各有短长：短长，即短处、长处，缺点、优点，劣势、优势。全句意为敌我双方各有其长处和短处、优势和劣势。

〔2〕以短胜长之秘诀：这里是指发挥自己的长处以弥补自己的短处；限制敌人的长处，专门攻击敌人的短处的秘诀。

〔3〕以下驷敌上驷，以上驷敌中驷，以中驷敌下驷：见《史记·孙子吴起列传》。战国时期，齐国的将军田忌常常和王族们赛马。孙膑看到他们的马相差不远，都有上、中、下三等，于是向田忌献策，用下等马对上等马（输），用上等马对中等马（赢），用中等马对下等马（赢），比赛结果，两胜一负，因而获得胜利。这就是上述“以短胜长之秘诀”的一个典型例子。

【译文】

我方与敌方的情况，各有长处与短处。在战争中，各方面都超过敌人是难以做到的。决定战争胜负，即在于双方力量，长处与短处，优势与劣势的较量。而在优势与劣势的较量中，也有劣势战胜优势的诀窍。比如赛马，用下等马对上等马，用上等马对中等马，用中等马对下等马这一类事例，就是军事谋略家具有的独特的谋略，这可不是用一般道理可以推测出来的啊！

【战例】

孙膑李代桃僵败魏军

孙膑围攻魏国都城时，魏军分为三个纵队，一在左，一在中，一在右。左队最强，中队一般，右队最弱。齐将田忌想用赛马的方法将自己的军队分成三队，即一个强队，一个中强队，一个弱队。作战时，用自己的弱队去攻击敌人的强队，用自己的强队和中强队去攻击敌人的中强队和弱队。孙膑不同意这种想法。他认为，这次可不能满足于二比一而取胜，而是要以最小的损失，去打败总体上处于优势的魏军。他建议用自己的弱队去攻击敌人的强队，用自己的中强队攻击敌人的中强队，以造成一个纵队敌军占优势，一个纵队势均力敌的局面，但这两个纵队都只是为了暂时牵制敌人。与此同时，他亲自率领强队闪电一般去攻击敌军的弱队。在迅速取得胜利之后，就转而增援自己的中强队，并与之一起战胜敌人中的中强中。随后，强队、中强队再与弱队会合，共同歼灭敌军的强队。孙膑以弱队、中强队暂时“李代桃僵”，最后造成了齐军的绝对优势，从而保证了齐军桂陵之战的胜利。

【精评】

“李代桃僵”在军事上指在敌我双方势均力敌，或者敌优我劣的情况下，用小的代价，换取大的胜利的谋略。在政治斗争中，则表现为为了整体和长远的利益，必须放弃局部的利益，要勇于做出牺牲。此外，“李代桃僵”之计还广泛应用于现代的经济领域和管理实践中，成为促进经济发展和管理成功的一个重要法则。

第三套　攻战计

第十二计　顺手牵羊

【计名由来】

本计当出自《草庐经略·游兵》："伺敌之隙，乘间取胜"。后人以顺手牵羊，比喻乘敌人的小间隙，向敌人的薄弱处发展，创造和捕捉战机的一种谋略。关汉卿著元剧《尉迟恭单鞭夺槊》台词中，就出现了本计计名。《水浒传》第九十九回写道："前面马灵正在飞行，却撞着一个胖大和尚，劈面抢来，把马灵一禅杖打翻，顺手牵羊，早把马灵擒住。"但都不是说的战争。战争史上"顺手牵羊"之计，不乏其例。如春秋时，晋献公途经虞国灭掉虢国，回师途经虞国时，又乘其不备，灭掉虞国；秦穆公攻打郑国，兵至滑国时，知郑人已有戒备，灭郑没有希望，就顺手灭滑国，然后班师回秦，都是典型的例子。这里，"顺手牵羊"的"羊"，指防守有间隙、有薄弱环节的地区。在不影响进攻主要目标、完成主要任务的前提下，利用时机，出动小股部队，神出鬼没地发动攻击，获得意外的、原先未料到的小的战果，就叫"顺手牵羊"。

【原文】

微隙在所必乘，微利在所必得〔1〕。少阴，少阳〔2〕。

【注释】

〔1〕微隙、微利：都指微小的空隙。

〔2〕少阴，少阳：阴，这里指疏忽、过失。阳，指胜利、成就。

【译文】

敌人出现微小的漏洞，必须及时利用；发现微小的利益，也一定要争取到。即使是敌人的微小疏忽、过失，也要利用来为我方的微小胜利服务。

【前人批语】

大军动处〔1〕，其隙甚多，乘间取利〔2〕，不必以战。胜固可用，败亦可用。

【注释】

〔1〕大军动处：动，指兵力调遣，运动、展开。全句意为在大部队调遣的过程中。

〔2〕乘间取利：间，间隙，机会。全句意为利用敌人的空隙和过失，乘机取得有利的成果。

【译文】

在大部队调遣、调动的过程中，可以利用的间隙很多，利用敌人的空隙和过失便可获得利益，就不必定要通过战争的途径。打胜仗时可以用此计，打败仗时也可以用此计。

【战例】

楚文王“顺手”夺美

春秋时，陈国有一对姊妹花。虽然姊妹俩同称“花”，但相形之下，姊姊的花容就黯然失色。姊姊嫁给了蔡侯，妹妹嫁给了息侯，但蔡国和息国的政治路线不同，蔡侯臣服于齐国，息侯却靠拢楚国。

妹妹息妫（即息夫人）的绝世之貌，久为姐夫唾涎三尺。有一天，息夫人回娘家陈国，路经蔡国。蔡侯认为是个好机会，存心揩油，想亲一亲香泽，怜惜一下小姨子。乃迎息夫人进宫去，奉承一番，并动手动脚的，全无一点敬意。

息夫人平时就听说这位姐夫原是个大色狼，更敬而远之，匆匆辞出，赶到娘家去。

及至归宁回来，她不敢从蔡国经过，绕道而返。见了丈夫，便把蔡侯怎样轻薄自己的事，一五一十地告诉息侯。息侯大怒，恨恨地说：“好，蔡侯你这个无赖，想给我绿帽子戴！非惩戒你不可！”

他立即派一个能说会道的特使到楚国去，向楚王密告说：“蔡侯恃着和齐国有亲戚关系，把大王不看在眼里，还经常散布谣言，想离间我们两国的邦交。大王何不出兵教训教训他？”

楚王说：“怕会引起它的盟邦齐国出兵！”

“大王不用担心！”使者说：“我国和蔡侯是结盟而又连襟的，蔡侯又好胜，大王可以借故用假意向我国用兵，他必来相救，到那时，我军突然与楚兵联合起来，把他包围，这一来，蔡侯纵有翅膀也飞不得了，这是请君入瓮之计！”

“妙呀！”楚王拍掌叫好。

于是，楚军浩浩荡荡地进攻息国来了。息侯派人去蔡国求救，果然蔡侯亲率三军来援；抵达息国，安营还未定。楚国伏兵猝然而起，杀得蔡军狼奔豕突。蔡侯慌忙逃走息城，但息侯反闭门不纳；楚兵又紧追在后，逼得蔡侯落荒而走，半路上被楚兵俘获。这时，息侯出城犒赏楚军，并毕恭毕敬地送楚王班师回国。蔡侯方才觉悟自己中了息侯诡计。

楚王想把蔡侯生蒸，以告太庙，经大臣鬻拳冒死强谏，才又释放蔡侯回国。

蔡侯回国的时候，楚王大摆筵席，为之饯行。席间盛张女乐，美人醇酒，香艳迷人。有一位弹筝的女子，长得仪容秀丽，楚王指着她笑对蔡侯说：“此女又漂亮又聪明，色艺俱佳！你曾见过这么漂亮的美人吗？”

蔡侯顿时想起了息侯陷害之仇，便说：“照我看，世上最漂亮的，莫如息侯的夫人息妫了，和这位美人一比，简直是明月照油灯。”

“她怎样漂亮呢？”楚王问。

“她呀！”蔡侯进一步说：“眼似秋水，脸如桃花，既不肥，又不瘦，站着像临风弱竹，行起路来简直是仙子凌云……”

“既有这个绝色佳人，寡人就是见一见她，死也无憾了。”楚王低声说。

蔡侯乘机挑拨说：“这有什么困难？以大王之威，楚国之强，就是齐王的老婆亦可能弄到手，何况在所属国？”

楚王回到宫中，念念不忘此位美人，越想越觉得需要。他终于想出一条计，假托巡狩之名，去到息国。息侯出郊恭迎，大排筵席，敬酒给楚王。楚王微笑说：“寡人前次出兵擒蔡侯，替贵侯出了口气，替尊夫人洗了耻辱；今日远道造访，尊夫人为何不出来为寡人斟杯贺酒呢？”

不一会，环珮响过，香气袭来，息夫人已亭亭玉立，站在庭前，向楚王道歉致谢。楚王一见，果然是天上少有，人间罕见，连忙答礼不迭。她在白玉杯里斟满酒，敬给楚王，楚王想亲手接，她却不慌不忙将酒杯递给宫女转给楚王，楚王一饮而尽，心花大放。可是美人已转入后宫去了。

这一夜，楚王失眠，挨到天亮。第二天，亦设了一席谢酒，酬答息侯，却暗中埋伏甲兵，实行威迫强夺。

息侯不知就里，应召赴席。酒至半酣，楚王假醉，对息侯说："寡人曾有大功于尊夫人，楚兵为她卖过命，今日三军在此，尊夫人就不屑出来慰问一番？"

息侯说："敝邑渺小，不足为大王取乐，请让我回去和她说一说，看她怎样！"

楚王勃然大怒，指着息侯骂："匹夫无义，还花言巧语哄人，左右！还不给我擒下！"

息侯正要申诉，伏兵猝起，将他缚住。

楚王立即引兵闯入后宫，寻找息妫。息妫闻变，长叹一声说："引狼入室，实自取其祸！"急奔入后园欲投井死，却被楚将牵住了衣裙，劝她："夫人！你真的不想保全息侯的命吗？为何夫妻俱死呢？"息妫知已是肉在砧上了，反抗无益，死亦徒然，便低头不说话。

息妫被带去见楚王，楚王分外怜惜，答应不杀息侯，准他复国，却把息妫立为自己的夫人，带回楚国去。

因她长得漂亮，面似桃花，故称之为"桃花夫人"。

【精评】

顺手牵羊是想充实自己的力量，其方式是和平攫取，比趁火打劫稍为高明些。但毕竟和平攫取的机会不常有，想创造机会的英雄也不会寄希望于和平。不管是明贪暗贪，暗动明动，方法不同，但目的却是一致的，即把别人的利益据为己有。因此，如果把顺手牵羊看作平常的谋略，或是"富贵逼人来"的幸运，那将是大错特错。

第十三计　打草惊蛇

【计名由来】

计名“打草惊蛇”，原是借用了一句民间俗语来喻指某种军事谋略。原意是蛇在草丛中，草被搅动，蛇便受惊而走。也有人认为，“打草惊蛇”一语，源出宋代郑文宝《南唐近事》：“王鲁为当涂宰，渎物为务，会部民连状诉主簿贪，鲁乃判曰：“汝虽打草，吾已蛇惊。”意思是说：南唐时，有个叫王鲁的人，在任当涂（今属安徽省）县令时，把主要精力放在为自己捞取钱物上。一天，老百姓联名控告他手下的主簿有贪污，王鲁因自己屁股不干净，胆怯心虚，故而在看状纸时，便下意识地信手在状纸上写了“汝虽打草，吾已惊蛇”八个字，此后，“打草惊蛇”一语便逐渐流传开了。

诸葛亮　字孔明，号卧龙。三国时期杰出的政治家、军事家、外交家。公元207年出山辅佐刘备。公元214年刘备建立蜀汉政权，被任命为丞相。蜀汉后主刘禅继位后，封其为武乡侯。公元234年病逝于五丈原军中，享年54岁。

【原文】

疑以叩实〔1〕，察而后动。复者〔2〕，阴之媒也〔3〕。

【注释】

〔1〕叩实：叩，询问，探究。叩实，问清楚，查明真相。

〔2〕复：反复，一次又一次地。

〔3〕阴之媒：隐晦不明的手段。

【译文】

真相不明就应查实，洞察了实情之后再采取行动。反复查证，是实施隐秘计谋所必需的手段。

【前人批语】

敌力不露，阴谋深沉，未可轻进，应遍探其锋。兵书云〔1〕：“军旁有险阻、潢井[2]、葭苇[3]、山林、翳荟[4]者，必谨复索之，此伏奸之所处也。”

【注释】

〔1〕兵书：这里是指《孙子兵法·行军篇》。

〔2〕潢井：低洼沼泽地带。

〔3〕葭苇：芦苇丛生之地。

〔4〕翳荟：翳，荫蔽。荟，草茅繁衍。翳荟，指被繁茂草茅遮蔽的地方。

【译文】

当敌方的实力还没有显露，而将其阴谋深藏着的时候，切不可轻敌冒进，此时，应先采用多种方式从各个不同方面去探明其锋芒所在。《孙子兵法》上说：“军队近旁如有险地阻隘、低洼沼泽、丛生芦苇、山林和繁草荫蔽的地方，必须仔细地反复搜索，因为这些都是可能隐匿伏兵和奸细的地方。”

【战例】

蜀魏争夺汉中之战

公元218年，刘备领兵十万围汉中。曹操闻报大惊，起兵四十万亲征。定军山一役，蜀将黄忠计斩曹操大将夏侯渊。曹操大怒，亲统大军抵汉水与刘备决战，誓为夏侯渊报仇。蜀军见曹兵势大，退驻汉水之西，两军隔水相峙。刘备与孔明至营前观察两岸形势，谋划破敌之策。孔明见汉水上游一带有土山，可伏兵千余。回营后命赵云领兵五百，都带上鼓角，伏于土山之下，或黄昏，或半夜，只要听到本营中炮响一次，便擂鼓吹角呐喊一通，但不可出战。孔明自己却隐在高山上观察敌军动静。第二天，曹兵到阵前挑战，见蜀营既不出兵，也不射箭，叫喊了一阵便回去了。到了深夜，孔明见曹营灯火已灭，军士们刚刚歇息，便命营中放炮为号，令赵云的五百伏兵鼓角齐鸣，喊声震天。曹兵惊慌，疑有蜀兵劫寨，赶忙披挂出营迎敌。可出营一看，并不见有什么蜀兵劫寨，便回营安歇。待曹兵刚刚歇定，号炮又响，鼓角又鸣，呐喊又起。一夜数次，弄得曹兵彻夜不得安宁。一连三夜如此，致使曹操惊魂不定，寝食不安。有人对曹操说，这是诸葛孔明的疑兵计，建议不要理睬他。可曹操说，我岂不知是孔明的诡计！但如果多次皆假，却有一次真来劫营，我军不备，岂不要吃大亏！曹操无奈，只得传令退兵三十里，找空阔之处安营扎寨。诸葛亮施“打草惊蛇”计逼退了曹兵，便乘势挥军渡过汉水。蜀军渡汉水后，诸葛亮传令背水扎营，故意置蜀军于险境，这又使曹操产生了新的疑惑，不知诸葛亮又使什么诡计。因为曹操深知“诸葛一生惟谨慎”，认为他如果不是胜券在握，是决不会走此险棋的。诸葛亮正是看中曹操这种心理，偏走此险棋来疑他、惊他。曹操在惊疑中，为了探听蜀军虚实，下战书与刘备约定来日决战。战斗刚开始，蜀军便佯败后退，往汉水边逃去，而且多将军器马匹弃于道路两旁。曹操见此，急令鸣金收兵。手下的将领疑惑地问曹操：“为何不乘胜追击，反令收兵？”曹操说：“看到蜀兵背水扎寨，我原本就有怀疑；现在蜀兵刚交战就败走，而且一路丢下许多军器马匹，更说明是孔明的诡计，必须火速退兵，以防上当。”然而，正当曹兵开始掉头后撤时，孔明却举起了号旗，指挥蜀兵返身向曹兵冲杀过来，致使曹兵大溃而逃，损失惨重。这一回是诸葛亮用计设险局、临阵佯败。

“打草惊蛇”的计策置曹操于疑惑、惊恐之中，再次巧妙地击溃了曹兵。

【精评】

蛇一般是隐藏在草丛中的，要发现蛇就要打草，打草惊蛇是为打蛇做准备。如果打蛇的工具没有准备好，或地形不利，这时已经发现了蛇，也不能打草，以防蛇跑掉。打草惊蛇用在军事上，是指敌方兵力没有暴露或者意向不明时，切不可轻敌冒进，应当查清敌方主力配置和运动状况后再说。打草惊蛇除了惊蛇走避之外，还可以避免被蛇咬，从这一点看，此计有着积极的意义。

第十四计　借尸还魂

【计名由来】

计名“借尸还魂”可能源于一个有关“八仙”之一的铁拐李得道成仙的传说。相传铁拐李原名李玄，曾遇太上老君得道。一次，其魂魄离开躯体，飘飘然游玩于三山五岳之间。临行前，曾嘱咐徒弟看护好遗体，但李玄魂魄四处游山玩水，留连忘返。徒弟们等待久了，见师父的遗体老是僵在那里，总也活不过来，便误以为他已经死去，便将其火化了。待李玄神游归来时，已不见了自己的躯体，魂魄无所归依。恰好当时附近路旁有一饿死的乞丐，刚刚断气不久，尸体还算新鲜，李玄于慌忙之中，便将自己的灵魂附在了这具乞丐尸体之上。借尸还魂后的李玄，与原来的李玄已截然不同。蓬头垢面，坦腹露胸，并跛一足。为支撑身体行走，李玄对着原乞丐用的一根竹杖喷了一口仙水，竹杖立即变为铁杖，借尸还魂后的李玄也因此被称为“铁拐李”，而原来的名字却反被人们忘却了。铁拐李借尸还魂的故事还见于元代岳伯川所写杂剧《吕洞宾度铁拐李》，后《东游记》也有记载，只情节不尽相同罢了。借尸还魂这一带有迷信色彩的民间传说，后来被人们用来喻指某些已经死亡的东西，又借助某种形式得以复活的现象；有时也可以用来喻指某些新的事物或新的力量借助某种旧的事物或旧的形式求得发展的现象。在上述两种情况下，所谓“尸”“魂”“借”“还”的喻意便都不尽相同了。

【原文】

有用者，不可借〔1〕；不能用者，求借〔2〕。借不能用者而用之，匪我求童蒙，童蒙求我〔3〕。

【注释】

〔1〕有用者，不可借：意为凡自身可以有所作为的人，就不会甘愿受别人利用。

〔2〕不能用者，求借：意为那些自身难以有所作为的人，却往往有可能被人借以达到某种目的。

〔3〕匪我求童蒙，童蒙求我：语出《周易·蒙》卦辞。蒙卦为周易六十四卦的第四卦，也是阴阳相交后的第二卦（因第一卦乾为纯阳，第二卦坤为纯阴，皆无阴阳相交之象）。在这里，蒙字本义是昧，指物在初生之时，蒙昧而不明白。蒙卦的卦象是下坎上艮。艮像山，坎像水；山下有水，是险的象征；人处险地而不知避，便是蒙昧了。童蒙，幼稚而蒙昧。此句意为不需要我去求助蒙昧的人，而是蒙昧的人有求于我。

【译文】

凡是自身能有所作为的人，往往难以驾驭和控制，不能为我所用；凡是自身不能有所作为的人，往往需要依赖别人求得生存和发展，就有可能为我所用。将自身不能有作为的人加以控制和利用，这其中的道理，正与幼稚蒙昧之人需要求助于足智多谋的人，而不是足智多谋的人需要求助于幼稚蒙昧的人一样。

【前人批语】

换代之际〔1〕，纷立亡国之后者〔2〕，固借尸还魂之意也〔3〕。凡一切寄兵权于人〔4〕，而代其攻守者，皆此用也。

【注释】

〔1〕换代：改朝换代。

〔2〕亡国之后：已被推翻的王朝国君的后代。

〔3〕固：本来。

〔4〕寄兵权于人：寄，依托。此语意为手中实际握有兵权，却在名义上依托在别人门下。

【译文】

每当改朝换代的历史时刻，那些纷纷将某个已被推倒的王朝君主的后代暂时捧为新君的做法，原本就是“借尸还魂”的计谋。凡是将兵权寄托在某人的名下，而以代理之名实际掌管征伐大权的人，也是用的“借尸还魂”的谋略。

【战例】

楚项兴兵灭秦之战

公元前 221 年（秦始皇二十六年），秦始皇嬴政扫灭六国，统一中国。公元前 210 年（秦始皇三十七年），嬴政死，其子胡亥继位为秦二世。秦始皇灭掉了割据称雄的六国诸侯，建立了中国历史上第一个统一的中央集权的封建国家，行郡县制，修驰道，统一法律、货币、文字、度量衡；筑长城，北御匈奴，南定百越，对推动中国历史的发展，确有其不可磨灭的历史功绩。但他专制暴戾，苛刑峻法，焚书坑儒，且一心沉迷于帝王气派，极度奢靡豪华，修阿房宫，建骊山墓，困天下民力物力于咸阳；加之一些好事（如筑长城，修驰道）办急了，以致役繁赋重，人民苦不堪言，怨声载道。因而在秦始皇死后的第二年，便爆发了大规模农民起义。加上被灭掉的六国旧族伺机反扑，纠合旧部，乘机起兵抗秦，秦王朝很快便陷入风雨飘摇之中。

秦统一前的楚国地处南方，幅员辽阔，物产丰富，是与秦争霸天下的主要对手。秦灭六国后，楚人对秦的怨愤最深，反抗最烈，所以当时即有人预言，“楚虽三户，亡秦必楚”。首先举起义旗的是以陈胜、吴广为首的农民军，其中大多数人原为楚国人，他们建立的农民政权，即号为张楚。响应陈胜、吴广而继起的是项梁、项羽两叔侄，他们杀了会稽（今江苏苏州）郡守殷通，举兵反秦。时有广陵（今江苏柏州）人召平，过江来找项氏叔侄，并假传张楚王陈胜的命令，拜项梁为张楚政权的上柱国（相当于丞相之位），要他领兵过长江参战。于是项梁、项羽便率领江东精兵八千，西渡长江，转战于江淮之间，屡战屡胜。

项羽　即项籍，字羽。下相（今江苏宿迁）人，秦二世元年（前209）随叔父项梁举兵反秦于吴。进军关中，杀秦降王子婴，焚宫室，自立为“西楚霸王”。此后又与刘邦争天下，展开长达四年的“楚汉战争”。前202年，项羽被困于垓下（今安徽灵壁），自刎而死。

又先后收编了陈婴、黥布、蒲将军等起义军，部队迅速发展到六七万人。

公元前 209 年（秦二世元年），当项梁、项羽的部队进驻薛城（在今山东南部微山湖附近）不久，突然传来陈胜在陈县（今河南淮阳）被秦将章邯打败，为车夫庄贾所杀的消息。项梁听说后，便召集部属商议应变之策。当时有些部将、谋士极力怂恿项梁自立为楚王，项梁一时拿不定主意。恰在这时，从居巢（今安徽巢县）来的一位已七十岁的老人求见。老人姓范名增，平日在家闲居，喜欢读书，很有些知识和见解，常能给人出些奇特计谋。他这次来找项梁，就是为如何巧妙应对和利用当前时局一事，来给项梁出主意的。项梁当即接见了范增，对范增说："现在陈王已经去世，新王还没有确立。我们这里正在议论、筹划这件事；还没有拿定主意。你是位老成识广的长者，想必有高见，请直截了当地谈出来吧。"范增说："我本是一老朽，但听说上柱国礼贤下士，从谏如流，所以特来献上自己的浅陋见解。依我看，陈胜的失败是必然的，原不足惜。请上柱国大人想一想，陈胜本来不是出身名门大族，声望不高，又无大的才干。虽首先起义抗秦，但骤然据地称王，而不立楚国王室的后裔为王。暴秦吞灭六国，楚国方面最无罪过。楚怀王为与秦通好而入秦，却被秦王扣留，三年后客死秦国，楚国百姓哀思至今。上柱国从江东起兵，渡江击秦，楚地豪杰将士之所以争相趋附，无非是因为上柱国之家世为楚将，相信上柱国必定会拥立楚国王室的后裔，因而踊跃投靠门下竭诚效力，以图恢复楚国。上柱国如能顺应民心，扶植楚国的后裔，楚地百姓自然会闻风而至，聚集于你的麾下，天下便一举可定了。"

项梁很高兴地采纳了范增的建议，便派人四处访寻楚国王室的后裔。事有凑巧，正好在民间寻访到一个名叫熊心的牧童，查问起来，确实是九十年前客死于秦的楚怀王的孙子。于是项梁立即派部属备上王车王服，将熊心迎来薛城，奉为楚怀王，定盱眙（今江苏洪泽湖畔）为国都，项梁则自称武信君。之后，楚项部众迅速扩大到数十万。公元前 208 年（秦二世二年）项梁战死。公元前 207 年（秦二世三年）项羽在巨鹿（在今河北平乡县）以破釜沉舟的决心与胆气，击溃秦军主力章邯军四十万，与刘邦等部共同推翻了秦王朝的暴虐统治。灭秦之后，项羽自称西楚霸王。而依范增"借尸还魂"之计借来的楚怀王熊心这具政治傀儡，由于已再无利用价值，便被项羽改号义帝流放到洞庭之南的长沙郡，随后又令九江王英布追杀于今湖南郴州。

【精评】

借尸还魂的涵义是自己在失败之后，要凭借或利用某种力量，以图东山再起。用在军事上、政治上，即扶弱国、继绝世的豪举，这在东周列国时代比比皆是。这种现象发生在商场上最多。但使用这一计时一定要慎重考虑，因为“尸”是不会白借，也不可以乱借的；如果僵尸入屋，不仅搞得自己家宅不宁，也会招来不少乘人之危、趁火打劫的人。

第十五计　调虎离山

【计名由来】

“调虎离山”一语可能源于《管子·形势解》。该篇中有一段这样的话：“虎豹，兽之猛者也，属深林广泽之中则人畏其威而载之。人主，天下之有势者也，深居则人畏其势。故虎豹去其幽而近于人，则人得之而易其威。人主去其门而迫于民，则民轻之而傲其势。故曰：‘虎豹托幽而威可载也。’”意思是说，虎豹，是兽类中最威猛的。当它们居住在深山大泽之中时，人们就会因惧怕其威风而敬畏它们。君王是天下最有势力的人。如果深居简出，人们便会害怕他的势力。虎豹若是离开它们所居的深山幽谷而走近人类居住的地方，人们就可以将它捕捉而使之失去原有的威风。做君王的若是离开王宫的门而与普通的人混在一起，人们就会轻视他而以傲慢的态度看待他。所以说，虎豹只有不离开它们居住的幽谷深山，其威风才会使人感到畏怯。这里虽然尚未使用“调虎离山”一语，但已经包含只有将老虎调离深山，才能将其制服的意思。后来在民间语言、文学作品中便逐渐出现了“调虎离山计”的说法。如明代吴承恩的《西游记》第五十三回写着孙大圣对如意真仙说：“才然来，我使个调虎离山计，哄你出争战，却着我师弟取水去了。”

【原文】

待天以困之〔1〕，用人以诱之，往蹇来返〔2〕。

【注释】

〔1〕待天以困之：天，指天时、地理等客观条件。困，作动词用，困扰、困乏。全句意为期待不利的客观条件去困扰它。

〔2〕往蹇来返：语出《周易·蹇》九三爻辞。原文为“往蹇，来返”。蹇卦的卦象为艮下坎上。艮象山，坎象水。王弼注曰：“山上有水，蹇难之象。”故在此处，“蹇”有难的意思。返，李镜池《周易通义》注：返，犹反反，广大美好貌。往蹇来返，

意为去时艰难，来时美好。

【译文】

利用不利的天时、地理条件困扰敌人，用人为的方法诱惑敌人，主动进攻有危险，诱敌来攻则有利。

【前人批语】

兵书曰："下政攻城。"〔1〕若攻坚〔2〕，则自取败亡矣。敌既得地利，则不可争其地。且敌有主而势大。有主〔3〕，则非利不来趋；势大，则非天人合用，不能胜。汉末〔4〕，羌率众数千〔5〕，遮虞诩于陈仓崤谷〔6〕。诩即停军不进，而宣言上书请兵〔7〕，须到乃发〔8〕。羌闻之，乃分抄旁县〔9〕。诩因其兵散，日夜进道〔10〕，兼行百余里〔11〕，令军士各作两灶，日倍增之〔12〕。羌不敢逼，遂大破之。兵到乃发者，利诱之也；日夜兼进者，用天时以困之也；倍增其灶者，惑之以人事也〔13〕。

【注释】

〔1〕下政攻城：下政，下策。语出《孙子兵法·谋攻篇》："故上兵伐谋，其次伐交，其次伐兵，其下攻城。攻城之法，为不得已。"意思是说，凡是用兵打仗，上策是以智取胜，次策是运用外交手段取胜，再次策是以兵对兵取胜，最下策才是攻打城池。强攻城池，是不得已才采取的办法。所以说，攻城是"下政"。

〔2〕若：假如、如果。

〔3〕主：主动。有主，处于主动地位。

〔4〕汉末：东汉末年，此处具体指汉安帝元初元年（114）。

〔5〕羌：中国西部地区古代民族。

〔6〕遮：阻挡、围困。虞诩：东汉安帝时曾任武都（今甘肃成县西北）郡太守。陈仓崤谷：在今陕西省宝鸡市西南。

〔7〕宣言：扬言。请兵：向朝廷请求援兵。

〔8〕须到乃发：一定要等候援兵来到后，方可进军。

〔9〕分抄旁县：分散到近旁的县抄掠财物。

〔10〕进道：赶路。

〔11〕兼行：兼程，以加倍的速度赶路。

〔12〕日倍增之：每日以翻倍的数目增加。

〔13〕惑之以人事：用人为的假象迷惑对方。

【译文】

《孙子兵法》说："攻城是最下策。"如果去强攻坚城，就可能自招失败或灭亡。敌人既已占据有利地形，就不能去同他争夺这块地盘；况且敌人还居于主动地位，而力量又占优势。敌人既是居于主动地位，如果不是对他有利，是不会离开驻地来向我进攻的；敌人既是在量上占优势，除非我方能够综合运用天时、地利、人和等条件，就难以取胜。东汉末年，羌人首领统率数千兵马，将武都太守虞诩的部队围困在陈仓崤谷中。虞诩便让部队停止前进，同时扬言要请求朝廷派援兵来，而且一定要等援兵到来后再进军。羌人听到这个消息后，认为援军一时到不了，便将部众分散到近旁各县去抄掠财物。虞诩便乘羌兵分散之机，日夜进军，每昼夜以加倍的速度行军百余里。又令军士在驻军做饭时，同时做两个灶，并使灶的数目每天增加一倍。羌人误以为援军已陆续到达，便不敢追逼攻击，结果虞诩大破羌兵。虞诩扬言要等候援军到后再进军，就是故意让羌人误以为可以利用援军到来之前的空隙分兵抄掠，用利诱的办法将其调开；他不分昼夜地急行军，就是要争取时间，出其不意，置敌于困境；而加倍修灶，就是用人为的假相迷惑敌人，使之误以为援军已陆续到达。

【战例】

上方谷司马氏中计

蜀后主建兴十二年（234），诸葛亮领兵三十四万伐魏，分五路进军，六出祁山。魏明帝曹睿闻报，命司马懿为大都督，领兵四十万至渭水之滨迎战。诸葛亮与司马懿是沙场老对手，双方都知道对方兵法娴熟，足智多谋，不好对付。所以战前各自都做了周密部署，严阵以待。诸葛亮在祁山选择有利地形，分设左、右、前、后、中五个大营，并从斜谷到剑阁一线接连扎下十四个大营，分屯军马，前后接应，以防不测。司马懿则屯大军于渭水之北，同时在渭水上架起九座浮桥，命先锋夏侯霸、夏侯威领兵五万渡河至渭水南岸扎营，又在大营后方的东原，筑城驻军，进可攻，退可守，稳扎稳打，务使魏军立于不败之地。司马懿受命离开魏都时，曾受曹睿手诏："卿到渭滨，宜坚壁固守，勿与交战。蜀兵不得志，必诈退诱敌，卿慎勿追。待彼粮尽，必将自走，然后乘虚攻之，则取胜不难，亦免军马疲劳之苦。"所以在经过两次规模不大的交锋、双方互有胜负之后，魏军便深沟高垒，坚守不出。由于蜀军劳师远来，粮草供应颇为困难，因而利于速战；而魏军以逸待劳，利于坚守。因而诸葛亮的主要目标，就是要诱敌出战，调虎离山，速战速决。然而司马懿老谋深算，素以沉着、谨慎、稳重著称，加上有魏明帝临行手诏，也不必担心那些急于求功的部将鼓噪攻击。在这种情况下，要调动司马懿这只"老虎"离山，谈何容易！然而再狡猾的狐狸，也斗不过好猎手。司马懿这只善长谋略、经验丰富的"深山之虎"，终究被诸葛亮调出来了，还险些丢了性命。那么，诸葛亮究竟使了什么样的奇招，使司马懿这只老狐狸也难免上当呢？诸葛亮深知，己方最根本的弱点是远离后方，粮草供应困难。他同时也深知司马懿正是看准了自己这一弱点，并利用这点作文章，期待并设法使蜀军断粮，从而将蜀军困死或逼蜀军撤退，然后乘机取胜。于是诸葛亮便将计就计，也在粮草供给问题上作文章、设诱饵，以此引司马懿这只"虎"离山。措施之一是分兵屯田，与当地老百姓结合就地生产粮食，以供军需，摆出一副作持久战的架势。这就等于宣示司马懿：你不急，我也不急；若是我不急，看你还急不急。果然司马懿的长子司马师沉不住气了，对其父司马懿说："现在蜀兵以屯田作持久战的打算，如此下去，如何是了？何不约孔明大战一场，以决雌雄！"司马懿口头上虽说"我奉旨坚守，不可轻动"，心里其实也很着急。诸葛亮的另一个措施，是自绘图样，令工匠造木牛流马，长途运粮。据传这东西很好使，"宛如活者一般，上山下岭，各尽其便"。

蜀营粮草由木牛流马源源不断地从剑阁运抵祁山大寨。司马懿闻报大惊说道："吾所以坚守不出者，为彼粮草不能接济，欲待其自毙耳。今用此法，必为久远之计，不思退矣。如之奈何？"诸葛亮看出了司马懿急于破坏蜀军屯田、运粮、屯粮计划的心情，于是进一步利用这一点引他上钩。办法是：一方面在大营外造木栅，营内掘深坑，堆干柴，而在营外周围的山上虚搭窝铺草营造成蜀兵分散结营，与百姓共同屯田屯粮，而大营空虚的假象，引诱魏军前来劫营；另一方面在上方谷内两边的山坡上虚置许多屯粮草屋，内设伏兵，同时让军士驱动木牛流马，伪装往来谷口运粮。而诸葛亮自己则离开大营，引一支军马在上方谷附近安营，以引诱司马懿亲领精兵来上方谷烧粮。而司马懿呢？他虽烧粮心切，却又极为谨慎小心，深恐中了诸葛亮调虎离山的诡计。于是便也使了个声东击西、调虎离山计来应战。他亲领魏兵去劫蜀兵祁山大营，但却一反过去每战必让主攻部队走在前面的惯例，让手下的部将冲锋在前，直扑蜀营，自己反而在后引援军接应。他这样做，一则是担心蜀营有准备，怕中了埋伏；二是他指挥魏军劫蜀军大营本属佯攻，目的是调动蜀军各营主力，甚至诸葛亮本人领军前来营救，而他却自领精兵奇袭上方谷，烧掉蜀方的粮草。然而，司马懿的这个调虎离山计，却未能跳出“如来佛的手掌心”。诸葛亮早料到司马懿这一着。因而当魏军直扑蜀军大营时，诸葛亮只是事先安排蜀军四处奔走呐喊，虚张声势，装作各路兵马都齐来援救的态势，而诸葛亮却趁司马懿这只“虎”已离山之机，另派一支精兵去夺了渭水南岸的魏营，而自己却在上方谷等待司马懿来“烧粮”，以便“瓮中捉鳖”。司马懿果然中计。他见四处蜀军都急急忙忙奔向大营救援，便趁机急领司马师、司马昭及一支亲兵杀奔上方谷来。接着又被蜀将魏延依诸葛亮的安排，用诈败的方诱进谷中，截断谷口。一时山谷两旁火箭齐发，地雷突起，草房内干柴全都着火，烈焰冲天。司马氏父子眼看就将葬身火海。亏得突来一场倾盆大雨，才救了司马氏父子三人及少数亲兵的性命。司马懿这只“虎”原本拿定了深沟高垒、坚守不出、决不离山的主意，结果却仍被诸葛亮调下了山，他原想用“调虎离山”计烧掉蜀军的粮草，想不到却反而中了诸葛亮的“调虎离山”计。真个是计外有计，天外有天，军机难测。

【精评】

调虎离山是打虎计策之一，目的在于削弱对方的抵抗力，减少自己的危险。在军事上指如果敌方占据了有利的地势，并且兵力众多，这时我方应把敌人引出坚固的据点，或者把敌人诱入对我军有利的地区，这样才可以取胜。从其应用中可见，此计是一个阴险的谋略。

第十六计　欲擒故纵

【计名由来】

计名“欲擒故纵”，它的哲理源头，可追溯到《老子》三十六章：“将欲歙之，必固张之；将欲弱之，必固强之；将欲废之，必固兴之；将欲夺之，必固与之。”又《鬼谷子·谋篇》：“去之者纵之，纵之者乘之。”中国军事史上成功运用此计，并对此计的定名有重大影响的，当属诸葛亮率蜀军远征南蛮时，七擒孟获。对诸葛亮来说，七擒七纵皆手段，而目的只有一个：征服南蛮首领和百姓的“心”。因而这一战役胜利的意义，不仅是军事上的，更重要的是政治上的，是诸葛亮在当时历史条件下所实行的民族政策的胜利（事见后面“战例”之一）。

【原文】

逼则反兵〔1〕，走则减势〔2〕。紧随勿迫，累其气力〔3〕，消其斗志〔4〕，散而后擒，兵不血刃〔5〕。需，有孚，光〔6〕。

【注释】

〔1〕反兵：回师反扑。

〔2〕走：逃走。势：气势。

〔3〕累：消耗。

〔4〕消：削弱。

〔5〕兵：兵器。血刃：血染刀刃，即作战。

〔6〕需，有孚，光：语出《周易·需》。需卦的卦象为乾下坎上乾象刚、健；坎象水、险。需，有等待之意。以刚、健遇水、险，故须等待，不要急进，以免陷入险境。孚，信用、信服。有孚，有信用，有诚意，为人所信服。光，光明、通达。此句意为，身处险境要善于等待，如果有诚信，就会前途光明，大吉大利。

【译文】

逼得敌军太紧，对方就会回师反扑。如果让

敌军逃跑，就可以削减其气势。追击敌人，只需紧随其后而不要过于逼迫它，以消耗其体力，瓦解其斗志，待其溃散时再捕捉它，就可以避免流血。这是《周易》需卦卦辞“需。有孚，光享贞吉……”一语中悟出的道理。

【前人批语】

所谓纵者，非放之也，随之，而稍松之耳。“穷寇勿追〔1〕”，亦即此意。盖不追者〔2〕，非不随也〔3〕，不迫之而已。武侯之七纵七擒〔4〕，即纵而蹑之〔5〕，故展转推进〔6〕，至于不毛之地〔7〕。武侯之七纵，其意在拓地〔8〕，在借孟获以服诸蛮〔9〕，非兵法也。若论战〔10〕，则擒者不可复纵。

【注释】

〔1〕穷寇勿追：语出《孙子兵法·军争篇》，原为“穷寇勿迫”。穷，穷途，无路可走。穷寇，指陷于困境、绝境的敌人。勿迫，不可逼得太紧。

〔2〕盖：发语词。

〔3〕随：跟随。

〔4〕武侯：三国时蜀丞相诸葛亮，蜀后主建兴元年（223）封武乡侯，领益州牧。“七擒七纵”：见“计名由来”。

〔5〕蹑：跟随、追踪。

〔6〕展转：同“辗转”，反复。展转推进，迂回曲折地向前推进。

〔7〕不毛：不生长草木，不种五谷桑麻，指荒凉贫瘠或未开辟的地方。

〔8〕拓地：开辟、拓宽新地域。

〔9〕孟获：三国时蜀汉建宁（治所在今云南曲靖）人，彝族首领。刘备死后，他和建宁豪强雍闿等起兵反蜀，多次为诸葛亮所收，经七擒七纵，终于降服。后仕蜀，为御史中丞。

〔10〕论战：从战争角度看。

【译文】

这里所说的“纵”，并不是说要将敌人放掉，而是说的要跟随他，只是稍许放松一些罢了。

《孙子兵法》所讲的“穷寇勿追”，也就是这个意思。所谓“勿追”，并非说不必追赶了，只是说不要把敌人逼迫得太紧。诸葛亮对孟获七擒七纵，就是采取放了他而又跟踪他的办法。正因此，才需要迂回曲折地向前推进，一直跟踪孟获进军到五谷不生的荒僻地方。诸葛亮的“七纵”孟获，本意在开辟和拓展蜀汉的地盘，因此需要借助蛮王孟获来收服南方各少数民族，严格地讲，并不属于兵法的范围。如果从战争角度讲，那么，既然已经把敌人逮住了，就不能轻易放了他。

【战例】

诸葛亮七擒孟获

公元225年（蜀后主建兴三年），蛮王孟获起兵十万反蜀，声势甚大；建宁郡太守雍闿、牂牁郡太守朱褒、越巂郡太守高定相继投降。蜀丞相诸葛亮奉旨起兵五十万南征。在智破三郡叛军之后，大军继续向泸水（川滇边境）挺进。适逢马谡奉后主之命前来劳军。诸葛亮久闻马谡才智超群，便虚心问计。马谡说：“愚有片言，望丞相察之。南蛮恃其地远山险，不服久矣。虽今日破之，明日复叛。丞相大军到彼，必然平服；但班师之日，必北伐曹丕；蛮兵若知内虚，其反必速。夫用兵之道，攻心为上，攻城为下；心战为上，兵战为下。愿丞相但服其心足矣。”诸葛亮很赞同马谡的意见，更坚定了收服蛮王的决心。第一次两军对阵，孟获战败，被蜀将魏延活捉。诸葛亮问他是否心服？孟获说：“山僻路狭，误遭汝手，如何肯服？你放我回去，整军再战，若再被擒，我便肯服。”诸葛亮当即下令放了他，并给他衣服、鞍马、酒食，派人送他上路。第二次诸葛亮派马岱夜渡泸水，断了蛮军粮道，孟获被部将董荼那、阿会喃等缚送蜀营。诸葛亮对孟获说：“你前次说，若再被擒，便肯降服。今日如何？”孟获说：“这次是我手下人自相残杀，以至如此，如何肯服？”诸葛亮又将他放了，并领他参观蜀军营寨；亲自送至泸水边，派船送回。孟获第二次被放回本寨后，首先将部将董荼那、阿会喃杀了，然后与其弟孟优商议以假降方式夜袭蜀营。诸葛亮将计就计，第三次将孟获活捉。但孟获仍然不服，他说：“这是因为我弟贪杯，误吃了你们的毒酒，并非我没有能耐，如何肯服？如果你放我兄弟回去，我们收拾兵马和你大战一场；若再被擒，方肯死心塌地归降。”诸葛亮第三次将他放了。孟获忿忿回归本洞，派人带上金银珠宝前往八番九十三甸各部落借得精健蛮兵数十万，一路杀气腾腾，来战蜀军。诸葛亮避其锋芒，领军退至西洱河北岸扎营，然后派精兵暗渡至西洱河南岸，抄了蛮军后路，第四次将孟获活捉。诸葛亮怒斥孟获：“这次又被我擒了，还有何话可说？”孟获说：“我误中诡计，死不瞑目。”诸葛亮声言要斩，孟获全无惧色，要求再战。诸葛亮只得第四次又将他放了。孟获回去后，又聚集数千蛮兵躲入了秃龙洞，与该洞洞主朵思凭借险山恶水，据守不出。孔明走访当地老人，寻得解毒甘泉和可避瘴气的薤叶芸香，避过毒泉恶瘴，引军由险径直取秃龙洞，第五次擒得孟获。但孟获仍不服，并说：“我祖居银坑山，有三江之险，重关之固，你若能到那里擒我，我便子子孙孙，倾心服事。”诸葛亮只得第五次又将他和孟优、朵思等人放了。孟获连夜奔回银坑山老巢，又请来八纳洞洞主木鹿三万驱兽兵助战。诸葛亮破了孟获之妻祝融夫人的飞刀，布假兽战胜木鹿的兽兵，识破孟获妻弟带来洞主假缚孟获夫妻献降的诡计，第六次生擒孟获。但孟获说：“这次是我等自来送死，不是你们的本领，如第七次被擒，则倾心归服，誓不再反。”孟获回洞后，采纳妻弟带来洞主的建议，从乌戈国请来三万刀箭不入、渡水不沉的藤甲兵，屯于桃花渡口。诸葛亮设疑兵，一步一步地将藤甲兵诱入预伏干柴、火药、地雷的盘蛇谷，堵住前后谷口，纵烈火将乌戈国的三万藤甲兵烧了，第七次生擒孟获。诸葛亮令人设酒食招待孟获夫妇及其宗室，叫孟获回去再招人马来决战。这一次，孟获却不走了。并说：“七擒七纵，自古未有。我等虽然是化外之人，也懂得礼义，难道就如此没有羞耻么？”于是领各洞蛮民诚心归顺。诸葛亮命孟获继续为蛮王，所夺之地，尽皆退还。蜀军班师，孟获亲自送诸葛亮渡过泸水。后来孟获仕蜀，官至御史中丞。终蜀之世，蛮方一直太平无事。诸葛亮七擒七纵，“纵”的是孟获其人，而最终“擒”得的是蛮王及当地百姓的心。精诚所至，金石为开。从此蜀国有了一个稳固的南方，诸葛亮可全心致力于伐魏了。

【精评】

古人有“穷寇莫追”的说法，实际上不是不追，而是看怎样去追。把敌人逼急了，它只得集中全力，拼命反扑。不如暂时放松一下，使敌人丧失警惕，然后再伺机而动，歼灭敌人。因此，使用欲擒故纵之计，必须有过人的忍耐力和不惜牺牲的决心，但在一个尖锐复杂的战斗场面，手到擒来而又顺手放走，有时又有纵虎归山的危险，自己也会吞食恶果。所以此计使用时也一定要慎重为是。

第十七计　抛砖引玉

【计名由来】

"抛砖引玉"一语，在中国古今文字和口语中较多见，其来源说法不一。一种说法是相传唐代诗人赵嘏甚有诗名，求诗者盈门。诗人常建慕其名，想求其诗，却不得其门而入。赵嘏游苏州时，常建料他必游灵岩寺，便先于寺壁题诗两句。赵嘏来到寺中见壁上此诗尚未写完，就补了两句，成为一首绝句。后人因赵嘏补的两句优于常建的前两句，便说常建是"抛砖引玉"。然而，常建是唐玄宗开元十五年（727）中的进士，而赵嘏是唐武宗会昌二年（842）中的进士，两者相距115年。可见赵嘏补诗一说是不可能的。然而由这个有悖历史事实的讹传，引出一个有关"抛砖引玉"一词来源的说法，却已是一个历史事实。另一种说法出自宋真宗景德年间（1004—1007）高僧道原所编《景德传灯录·从谂禅师》："师云：比来抛砖引玉，却引得子。"子指砖坯。这句话也来源于一个佛门故事。传说活了120岁的唐代禅师从谂，一天晚上，同弟子们一同参禅悟道。刚入座，从谂便宣布："今晚要你们回答问题，谁对禅学已有深刻理解，可以跨前一步。"众僧皆息虑凝心，静座参禅，惟有一个小和尚大胆跨步向前，躬身一揖。从谂见了，缓缓地说：刚才我是抛砖引玉，不想却引来一块土砖坯子。此语后来还见于元代贯云石（1286—1324）所作《斗鹌鹑·佳偶》曲："见他眉来眼去，俺早心满愿足；他道是抛砖引玉，俺却道因祸致福。"又见清代李汝珍著《镜花缘》第十八回："紫衣女子道：'如此易事，谁知还是吝教！刚才婢子费了唇舌，说了许多书名，原是抛砖引玉，以为借此长长见识，不意竟是如此！'"

本计的特点是，强调以小利去引诱、欺骗敌军，以夺取更大的胜利。

【原文】

类以诱之[1]，击蒙也[2]。

【注释】

[1]类：类似、相似。

[2]击蒙：击，打击。蒙，蒙昧。语出《周易·蒙卦》上九爻辞："击蒙，不利为寇，利御寇。"蒙卦的卦象为坎下艮上。其上九爻，为阳爻处于蒙卦之终，按王弼的解释，其喻意为"处蒙之终，以刚居上，能击去童蒙，以发其昧也，故曰'击蒙'也。故'不利为寇，利御寇'也"。大意是，上九爻以阳刚之象居于前五爻之上，所以能给蒙昧者以开导、启迪。为盗寇之人，自然属于蒙昧者之列，所以，如果占卦时占到本爻，则对为盗寇者不利，而对防御盗寇者有利。此处借用此语，意思是，打击那因受我方诱惑而处于蒙昧状态的敌人。

【译文】

用相类似的东西诱惑敌人，乘其迷惑懵懂之时去打击他。

【前人批语】

诱敌之法甚多，最妙之法，不在疑似之间[1]，而在类同[2]，以固其惑[3]。以旌旗金鼓诱敌者[4]，疑似也；以老弱粮草诱敌者，则类同也。如：楚伐绞[5]，军其南门[6]，莫敖屈瑕曰[7]："绞小而轻[8]，轻则寡谋[9]，请无捍采樵者以诱之[10]。"从之[11]。绞人获三十[12]，明日绞人争出，驱楚役徒于山中[13]。楚人坐守其北门[14]，而覆诸山下[15]，大败之，为城下之盟而还[16]。又如孙膑减灶而诱杀庞涓[17]。

【注释】

[1]疑似：模糊、近似。

[2]类同：相同。

[3]固：坚固、不动摇。固其惑：将敌人牢牢地迷惑住。

〔4〕旌：古代旗的一种，缀旄牛尾于竿头，下有五采羽毛，用以指挥或开道。金：锣。诱骗敌人，从而达到诱使敌人进攻，或诱骗敌人不敢进攻的目的。

〔5〕楚伐绞：楚、绞，均为春秋时期的诸侯国。楚为大国，其地域以今湖北为中心，国都郢（今湖北江陵）。绞为小国，其地在今湖北郧县西北。楚伐绞，事见《左传·鲁桓公十二年》。

〔6〕军其南门：屯兵于绞国的南门。

〔7〕莫敖屈瑕：莫敖，春秋时楚国的官名，其地位仅次于令尹（楚国掌军政大权的最高长官）。屈瑕，人名，楚武王之子，封于屈地，故以屈为姓。

〔8〕轻：轻狂。

〔9〕寡谋：缺少计谋。

〔10〕无扞采樵者：扞，捍卫。全句意为不以士卒去捍卫采樵的人。

〔11〕从之：采纳其计谋。

〔12〕绞人获三十：这里是指绞国军队抓获了三十个为楚军采樵的人。

〔13〕楚役：这里是指为楚军采樵的人。

〔14〕坐守其北门：这里是指坐守绞国的北门，以断其归路。

〔15〕覆：伏兵。

〔16〕城下之盟：在兵临城下的情势下，被迫订立的盟约。这对被迫订盟的一方是一种耻辱，且往往条件苛刻。

〔17〕孙膑：战国时兵家，曾任齐威王军师。曾先后设计大败魏军于桂陵和马陵。庞涓：战国时魏将，曾与孙膑同学兵法；魏惠王十六年（前 354）、二十八年（前 342）先后两次在桂陵之战和马陵之战中败于孙膑。孙膑减灶诱杀庞涓：事见《史记·孙子吴起列传》。

【译文】

诱惑敌人的方法有很多，最巧妙的办法，不是用似是而非之法，而是要以类同的东西，去牢固地迷惑敌人。用虚张旌旗、鸣锣击鼓的方法去诱惑敌人，就是属于疑似的一类；出示年老体弱的士兵，或制造有粮或无粮的假相去诱惑敌人，就是属于类同的一类。例如：春秋时楚国出兵征伐绞国，陈兵于绞国都城的南门外。莫敖屈瑕献计说："绞国小且其君臣都很轻狂；轻狂的人往往缺少计谋。请求采取不派士兵保护为我军打柴的人的办法去诱惑他们。"楚王采纳了屈瑕的计策。于是，头一天，让绞国人抓走了三十个打柴人。次日，绞国士兵争相出城，将楚方的打柴人往山中驱赶。而楚方则一方面派兵把守绞城的北门，截断绞兵的归路；一方面派兵埋伏在山下，因而大败绞军。结果，楚军迫使绞国与楚订立城下之盟，得胜而归。又如春秋时，齐国军师孙膑用减灶的办法，将魏兵诱入埋伏圈，而杀了魏将庞涓，也是一例。

【战例】

秦楚丹阳之战

公元前313年，秦国准备攻打齐国。当时六国（齐、楚、燕、韩、赵、魏）合纵抗秦，以楚怀王为纵约长，尤其是齐、楚两大强国结成相当牢固的联盟，对秦构成严重的威胁。秦惠王深为忧虑，问计于丞相张仪。张仪说："请大王免掉臣的丞相之职，让我南游楚地，凭臣三寸不烂之舌，伺机向楚王进言，必定要使楚国与齐国断交，而与秦国亲近。"秦惠王同意了。张仪来到楚国，先以重金贿赂了楚怀王的亲嬖近臣靳尚，然后拜见楚怀王，陈说楚国联齐还是联秦的利害得失，还假作谦卑地向楚怀王表示："秦王本来有意要侍奉大王（指楚怀王），就是我张仪也愿意给大王做守门的臣仆，只因楚与齐结盟，才使我秦国国君感到不好办；如果大王能与齐绝交，我们国君愿意将往日商君从楚国夺去的商於（在今河南淅川县西南）之地六百里归还楚国，并送秦王室的女子给大王做妾，让秦、楚两大国永结婚姻之好。"楚怀王果然中计，群臣也因能不费一兵一卒便收复商於之地六百里而向怀王贺喜。当时只有客卿陈轸、大夫屈平看出了张仪的诡计，劝怀王不要上当。但怀王利迷心窍，拒不采纳，还授与张仪楚国相印，赐黄金百镒，以示嘉奖。张仪返秦后，却一面装病不出，不与楚使会面落实割地之事，让楚使在咸阳白等了三个多月；一面又遣使入齐，暗地与齐结盟。待楚与齐绝交后，张仪方才接见楚使逢侯丑，并赖帐说："所谓归还商於之地六百里，那是你们大王听错了；我说的是我张仪的俸地六里。秦国的土地都是将士们身经百战得来的，岂肯以寸土让人。"楚怀王听了逢侯丑回来的报告后勃然大怒，立即宣布与秦断交，并命屈聚为大将，逢侯丑为副将，起兵十万攻秦，进军蓝田（今陕西西安以南），结果被秦齐联军所败，被追至丹阳（今陕西汉中）；次年春，屈聚集兵力与秦齐联军决战于丹阳，结果又遭大败。楚军前后被斩首者八万余人，大将屈聚、副将逢侯丑被俘，又丧失汉中之地六百里。在这一战役中，秦以暂免张仪丞相职（以便他以平民身分往楚游说），诈称归还商於之地六百里，表示愿与楚结通婚之好，卑称秦王愿意侍奉楚王等为“砖”，抛给楚王，从而引得破坏齐楚联盟，击溃楚军擒获楚大将，得汉中之地六百里等数块大“玉”。张仪之计虽卑劣，但却不可谓不高明！

契丹伏兵歼唐军

公元690年，契丹攻占营州。武则天派曹仁师、张玄遇、李多祚、麻仁节四员大将西征，想夺回营州，平定契丹。契丹先锋孙万荣熟读兵书，颇有机谋。他想到唐军声势浩大，若正面交锋于己不利。他首先在营州制造缺粮的舆论，并故意让被俘的唐军逃跑。唐军统帅曹仁师见一路上逃回的唐兵面黄肌瘦，并从他们那里得知营州严重缺粮，营州城内契丹将士军心不稳，心中大喜，认为契丹不堪一击，攻占营州指日可待。唐军先头部队张玄遇和麻仁节部，想夺头功，向营州火速前进。一路上，还见到从营州逃出的契丹老弱士卒，他们自称营州严重缺粮，士兵纷纷逃跑，并表示愿意归降唐军。张、麻二将更加相信营州缺粮、契丹军心不稳了。他们率部日夜兼程，赶到西峡石谷，只见道路狭窄，两边悬崖绝壁。按照用兵之法，这里正是设埋伏的险地。可是，张、麻二人误以为契丹士卒早已饿得不堪一击了，加上夺取头功的心思驱使，下令部队继续前进。唐军络绎不绝，进入谷中，艰难行进。黄昏时分，只听一声炮响，绝壁之上，箭如雨下，唐军人马践踏，死伤无数。孙万荣亲自率领人马从四面八方进击唐军。唐军进退不得，前有伏兵，后有骑兵截杀，不战自乱。张、麻二人被契丹军生擒。孙万荣利用从他们身上搜出的将印，立即写信报告曹仁师，谎称已经攻克营州，要曹仁师迅速到营州处理契丹头领。曹仁师早就轻视契丹，接信后，深信不疑，马上率部奔往营州。大部队急速前进，准备很快穿过峡谷，赶往营州。不用说，这支不知敌情的部队又重蹈覆辙，在西峡石谷，遭到契丹伏兵围追堵截，全军覆没。

【精评】

“抛砖”就是利用人们贪小便宜的弱点，先给一点甜头，诱人上当，然后再慢慢把“玉”引出来。此计使用的范围很广，不受时空限制，小施小效，大施大效。银行家用提高存息就可以吸引巨大的游资即为一例。

第十八计　擒贼擒王

【计名由来】

“擒贼擒王”一语在唐代以前的口语中可能已经使用较广。但最早见诸文字，或者说现今可见的最早，且影响较大的文字记录，则是唐代“诗圣”杜甫的五言古诗《前出塞》：“挽弓当挽强，用箭当用长。射人先射马，擒贼先擒王。杀人亦有限，立国自有疆。苟能制侵陵，岂在多杀伤？”从当时的历史背景看，此诗原本寓含对唐玄宗李隆基无节制地对外用兵的讽谏之意。玄宗开元十八年（730），西域吐蕃在数败于唐军之后，遣使求和，在玄宗李隆基勉强允准后，吐蕃人撤走了边境的驻军，双方恢复了和平。七年后，玄宗利用吐蕃人没有防备，又派兵入侵吐蕃，重创吐蕃军，深入敌境二千里。玄宗开元二十七年（739），金城公主（中宗景龙四年，即公元710年，奉命与吐蕃赞普尺带珠丹联姻）去世，吐蕃遣使报丧，并乘便求和，而玄宗却不许。一年后，吐蕃军攻占唐边境重镇石堡（在今青海西宁西南）。玄宗天宝七载（748），唐遣陇右节度使、大将哥舒翰统军三万三千人与吐蕃军激战。虽收回石堡，但此役唐军战死者以万计。杜甫的《前出塞》诗，大约是针对此一情况有感而发的。意思是说，只要能够制服敌国的首领，保住本国的疆土，防止异国的入侵就可以了，何必杀人太多。这在一定程度上反映了诗人主张各民族和睦相处、反对战争、热爱和平的思想倾向。然而，诗中“射人先射马”“擒贼先擒王”等句，也多少透露了诗人杜甫对我国古代军事经验的概括和他个人的军事眼光，因而成为后世脍炙人口的名言，常为众多军事家、政治家以至各色人物所引用。仅见于文学作品的便有《红楼梦》第五十五回：凤姐道：“如今俗语说：擒贼必先擒王。她（指探春）如今要作法开端，一定是先拿我开端。”宋代王迈《轩集·别永福张景山》诗：“文亦有活法，先使意气张；如破劲敌垒，须擒贼中王。”同是一个“擒贼擒王”语，王熙凤将之用于比喻处理家事，王迈将其用之于比喻作文的章法，可见其用法甚广。

【原文】

摧其坚，夺其魁[1]，以解其体[2]。龙战于野，其道穷也[3]。

【注释】

〔1〕夺：抢夺、抓获。魁：第一、大，此处指首领、主帅。

〔2〕解：瓦解。体：躯体、整体、全军。

〔3〕龙战于野，其道穷也：语出《周易·坤·上六象辞》。坤，卦象是坤上坤下，为纯阴之象。上六爻是本卦的最终爻，为纯阴发展到极盛阶段之象。坤卦上六爻的爻辞是："龙战于野，其血玄黄。"龙，本为乾卦（纯阳之卦）的象征物，为什么作为纯阴之象的坤卦，其上六爻却以原本属纯阳之象的"龙"为象征物呢？按照朱熹《周易本义》的解释是："阴盛之极，至与阳争。"《周易·文言》在阐释坤卦上六爻辞时则说："阴疑与阳必战。为其嫌于无阳也，故称龙焉。"按照《周易》物极必反的矛盾转化思想，上六爻表示纯阴已发展到极盛，故必然向阳转化。虽然此时尚处于转化前夕，但却已急于以阳自比，以龙自称了。故有"龙战于野，其道穷也"之说。野，郊野。道，道路；道穷，无路可走。群龙战于郊野，相互杀伤，血渍斑斑，以至陷入穷途末路。本计引用此语，其意当为贼王被擒，群贼无首，其战必败。

【译文】

击溃敌人的主力，抓获其首领，便可瓦解其全军。好比群龙无首，战于郊野，必然陷于穷途末路。

【前人批语】

攻胜则利不胜取[1]。取小遗大[2]，卒之利[3]、将之累[4]、帅之害[5]、功之亏也[6]。全胜而不摧坚擒王，是纵虎归山也。擒王之法，不可图辨旌旗[7]，而当察其阵中之首动[8]。昔张巡与尹子奇战[9]，直冲敌营，至子奇麾下[10]，营中大乱，斩贼将五十余人，杀士卒五千余人。巡欲射子奇而不识，剡蒿为矢[11]。中者喜，谓巡矢尽，走白子奇[12]，乃得其状[13]，使霁云射之[14]，中其左目，几获之[15]，子奇乃收军退还。

【注释】

〔1〕攻胜：进攻取得了胜利。利：利益、其利益在于。不胜取：不乘着胜利去掠取过多的敌方装备、资财等战利品。

〔2〕取小：贪取小利。遗大：遗忘了战争的大局。

〔3〕卒之利：士卒可得到物质小利。

〔4〕将之累：对为将的来说，是增加了拖累、包袱。

〔5〕帅之害：给统帅造成危害。

〔6〕功之亏：亏损了战功、丢掉建立战功的机会。

〔7〕图辨旌旗：旌旗，指挥旗。全句意为只看敌军的指挥旗在什么方位。

〔8〕首动：这里是指首先发号施令之处。

〔9〕张巡：唐开元间进士。安史之乱时，以真源县（今河南鹿邑县东）令的身份起兵守雍丘（今河南杞县），抵抗安禄山军。公元757年移守睢阳（今河南商丘），与太守许远共同作战，在内无粮草、外无援兵的情况下坚守数月不屈。睢阳失守后遇害。尹子奇：安禄山部将。

〔10〕麾：古代用以指挥军队的旗帜。麾下，主帅的指麾之下。此处指敌军的中军帐。

〔11〕剡：削、刮。蒿：谷类植物的茎秆。剡蒿为矢，削秸秆作箭用。

〔12〕白：禀告。

〔13〕状：形状、相貌。

〔14〕霁云：南霁云，唐天宝末年抵抗安禄山叛军的名将。

〔15〕几：几乎。

【译文】

打了胜仗，不急于乘胜掠取敌方的装备、资财，这样对我方才会比较有利。贪取小利而遗忘了战争的大局，其结果，只能是让士卒得些小利，给为将的背上包袱，对主帅造成危害，以至前功尽弃。取得了全面胜利，却不致力于摧垮敌军的中坚力量，捉拿敌军的主帅，就等于放虎归山。捉拿敌军主帅的方法，不能只看敌军的指挥旗在何处，而应仔细观察敌军军营中的行动首先是从哪里发出的指令。昔日张巡与尹子奇打仗，张巡直冲敌军阵营，杀到尹子奇的指挥旗下，敌营顿时大乱，被张巡军斩将五十余人，杀死敌军士兵五千余人。张巡想要射死敌主将尹子奇，但却又不认识他。于是张巡便命令部下削秸秆做箭，被射中的敌军发现后很高兴，以为张巡军的箭已射尽了，便跑去禀告尹子奇。张巡抓住这个机会看清了尹子奇的面貌，立即叫部将南霁云用箭射他。南霁云一箭射中了尹子奇的左眼，几乎抓获了他。这样，尹子奇才被迫收兵退回去了。

【战例】

新汉昆阳之战

新莽地皇四年（23）二月，新市、平林、下江数支农民起义军和刘縯、刘秀兄弟领导的反对新莽政权的部队会师，进攻王莽军据守的重镇宛城（今河南南阳），兵力达十余万人。为加强反莽军的统一领导，各部首领商议共立汉室后裔刘玄为帝，恢复汉制，号为更始，于是声威大振。为保障主力夺取宛城，更始帝刘玄派王凤、王常、刘秀率军二万攻下宛城东北的昆阳（今河南叶县）、定陵（今河南舞阳北）、郾县（今河南郾城）等地。刘秀乘胜率军数千抵阳光（今河南禹州西北），威胁新莽之东都洛阳。王莽闻报大惊，急令大司徒王寻、大司空王邑召集各郡国兵马四十二万，号称百万，名为虎牙五威兵，并授权王寻、王邑便宜行事，必欲一举全歼中原各路义军，摧毁更始政权。五月，新莽军进抵颍川（今河南禹县）。鉴于新莽军势大，刘秀被迫撤军昆阳。新莽军随即包围昆阳。当时昆阳汉军不足万人，粮草仅可支持十余天，形势十分危急。当时王凤、王常见大军压境，十分恐慌。然刘秀却镇静自若，建议一面固守，一面派要员赴定陵、郾县调集分驻之汉军来援。当时，王凤、王常等皆不敢冒险出城。刘秀遂自告奋勇，选精骑十人，加上愿与刘秀同往的二名将领，共十三人，乘夜潜出南门，直奔定陵、郾县。新莽军统帅王寻、王邑依恃己军势大，下令强攻；围昆阳数十层，列营数百，金鼓之声远振数十里，并造楼车，高十余丈，俯瞰城内，依高以强弩敌射城内守军。又造冲车，以巨木撞击城门、城墙，城体为之震栗，其声惊心动魄。又掘地道攻城，给汉军造成极大威胁。六月，刘秀率步骑一万回救昆阳，初战斩敌一千余。

又假造汉军已攻下宛城的消息，以动摇新莽军心。但王寻、王邑恃众无恐，仍不将刘秀率领的近万名汉军放在眼里。一面以部分兵力抵御援军，一面继续加强攻城。刘秀为了以不及敌四十分之一的兵力，早日解除昆阳之围，遂决定以擒贼先擒王的战法，亲率精兵三千，从城西水道，直撞敌军主帅王寻、王邑的中营。王寻、王邑亲率中营万人迎战，却怎么也抵不住刘秀三千敢死兵的猛烈冲击，很快便阵脚大乱。刘秀乘势率精兵直取王寻，斩王寻于马下。王邑乘乱逃之夭夭。城中汉军见状也乘势出击。新莽四十余万大军一时失了主帅，迅速全线溃败。加上当时恰遇水暴涨，敌军在溃逃中淹死者无数。王邑仅收得残部数千人逃回洛阳。新莽军主力被歼，宛城守军随即投降。汉军乘胜分兵于这年秋天攻入洛阳、长安，王莽被杀。新莽政权只存在不到十五年便彻底灭亡了。

【精评】

俗话说“打蛇打七寸”，就是说在打蛇的时候要朝它的要害处下手，如不击中其要害，必致被反咬一口。首领（“王”）是握有实际大权而且具有广泛影响力的人物，他是一个组织团结的核心，是集体行动中的一个枢纽。如能“擒王”即可捣乱其组织，破坏其活动系统，最起码也能使它的内部发生变化。

第四套　混战计

第十九计　釜底抽薪

【计名由来】

“釜底抽薪”计的策略思想渊源，可追溯到战国时代成书的《尉缭子》。该书《战威第四》说：民之所以战者，气也；“气实则斗，气虚则走”，“讲武料敌，使敌之气失而师散，虽形全而不为之用，此道胜也”。这些话的意思是：部队所赖以作战的是勇气；士兵勇气旺盛就敢于战斗，勇气丧失就会逃跑。讲究武备，判明敌情，设法促使敌人丧失勇气而军心涣散，使敌军虽然结构形式完整却不能作战，这就是靠的政治谋略取胜。《尉缭子》在这里提出了一个采用某种谋略，以消减、削弱敌方的气势和斗志，然后战而胜之的策略思想。后世提出的“釜底抽薪”计，应当说，正是在这种策略思想基础上发展和形成起来的。继《尉缭子》之后，相继提出或提到类似思想的，有西汉《淮南鸿烈》：“故以汤止沸，沸乃不止；诚知其本，则去火而已矣。”东汉董卓《上何进书》：“臣闻扬汤止沸，莫若去薪。”北齐史学家魏收《为侯景叛移梁朝文》：“若抽薪止沸，剪草除根。”至明代以后，便在更多的书面语言中出现了“釜底抽薪”这一更为概括、简明的词汇。如明代嘉靖年间戚元佐《议处宗潘疏》：“谚云：扬汤止沸，不如釜底抽薪。”清代吴敬梓著《儒林外史》第五回：“如今有个道理，是釜底抽薪之法：只消一个人去，把告状的安抚住了，众人递个拦词，便歇了。”可见，明清以后，“釜底抽薪”已成为广泛使用的民间语言，其策略思想已在许多场合下被使用。

【原文】

不敌其力〔1〕，而消其势〔2〕，兑下乾上之象〔3〕。

【注释】

〔1〕敌：对抗、攻击。力：强力、锋芒。

〔2〕消：削弱、消减。势：气势。

〔3〕兑下乾上之象：兑下乾上为《周易》六十四卦中的履卦。兑为泽，为阴柔之象；乾为天，为阳刚之象。整个卦象为阴胜阳、柔克刚。其卦辞为：“履虎尾，不咥人，亨。”履，小心蹑足前进。咥，咬。亨，通达顺利。

其寓意是虎为凶猛阳刚之兽，但只要以阴柔克之，小心谨慎行事，即使踩着了虎的尾巴，它也不会咬人。若占得此卦，预示事情将经历险阻而后通达，终于顺利。此处借用此卦，意在说明，遇到强敌，不要去与之硬碰，而要用阴柔的方法去消灭刚猛之气，然后设法制服他。

【译文】

不要与敌人硬拼，而要设法削弱敌方的气势，采取以柔克刚的方法制服他。

【前人批语】

水沸者，力也，火之力也，阳中之阳也〔1〕，锐不可当；薪者，火之魄也〔2〕，即力之势也，阴中之阴也，近而无害。故力不可当而势犹可消。《尉缭子》曰〔3〕：“气实则斗，气夺则走。”而夺气之法〔4〕，则在攻心。昔吴汉为大司马〔5〕，有寇夜攻汉营，军中惊扰，汉坚卧不动。军中闻汉不动，有倾乃定〔6〕。乃选精兵反击，大破之。此即不直当其力而扑消其势也〔7〕。宋薛长儒〔8〕为汉、湖、滑三州通判，驻汉州。州兵数百叛，开营门，谋杀知州〔9〕、兵马监押〔10〕，烧营以为乱。有来告者，知州、监押皆不敢出。长儒挺身徒步，自坏垣入其营中〔11〕，以福祸语乱卒曰〔12〕：“汝辈皆有父母妻子，何故做此？叛者立于左，胁从者立于右！”于是，不与谋者数百人立于右，独主谋者十三人突门而出，散于诸村野，寻捕获〔13〕。时谓非长儒，则一城涂炭矣〔14〕！此即攻心夺气之用也。或曰：敌与敌对，捣强敌之虚，以败其将成之功也。

【注释】

〔1〕阳：与下面的阴相对。阴与阳，在中国古代哲学中，指贯穿于一切事物的两个对立面；两者相反相成，对立统一。

〔2〕魄：古代指人体中依附于形体而显现的精神，以区别于可以离开

形体而存在的魂。一说，魄指有精神的形体。火之魄火赖以发生的物质。

〔3〕《尉缭子》：中国古代兵书。传为战国中期尉缭所作。《汉书·艺文志》有《尉缭》三十一篇，今存五卷二十四篇。下面引文见该书《战威》篇。

〔4〕夺气：削弱、瓦解敌方的气势和意志。

〔5〕吴汉（？—44）：东汉宛县（今河南南阳）人，字子颜。新莽末年亡命渔阳（今河北密云），以贩马为业。后归刘秀，为偏将军，征发渔阳等地骑兵，助刘秀灭王朗等割据势力，并镇压铜马等部农民军。后任大司马，封广平侯。大司马：古官名，负责掌管全国军事，汉时位列三公（司徒、司空、司马）。

〔6〕有倾：倾同“顷”，短时间、一会儿。

〔7〕不直当其力：避开对方的锋芒。

〔8〕薛长儒：宋代绛州（今山西新绛）人，字元卿。历任汉、湖、滑三州通判、知州。

〔9〕知州：官名。宋代掌管全州政事的文官。

〔10〕兵马监押：宋代掌握全州军事的武官。

〔11〕坏垣：破损的墙。

〔12〕以祸福语乱卒：向参与叛乱的士卒说明利害。

〔13〕寻：查找。

〔14〕涂：泥淖。炭：炭火。涂炭，比喻极困苦的境地。

【译文】

水的沸腾，靠的是力量，即火力。猛火烧沸水，其锐气自然是不可阻挡的。干柴，是产生火力的燃料，猛烈的火势就是靠着它形成的。但干柴本身是温和而柔弱的东西，人们靠近它是不会受到伤害的。所以，凶猛的火力虽然难以阻挡，但要削弱火势还是有办法的。尉缭子说：“士兵勇气十足，就敢于战斗；勇气丧失，就会溃逃。”瓦解敌军气势的办法，就是要在精神上征服对方。东汉初年，吴汉任大司马时，有敌寇乘夜袭击汉军的军营。军营之中一片惊慌混乱，而吴汉却安然在床上静卧不动。将士们听说吴汉这般冷静沉着，情绪顿时稳定，不一会儿，军营中也就安定下来了。这时，吴汉便起床挑选了一支精兵，乘夜出击，从而大败了敌军。这里，吴汉采用的就是不与敌人正面交锋，而是先设法削减对方气势的策略。北宋时，薛长儒做汉、湖、滑三州通判时，数百名驻守州城的士兵叛变。他们打开营门，企图谋杀知州和兵马监押。有人前来报告，知州和监押都不敢出面。长儒挺身而出，步行到军营前，从破损了的营墙翻身入营，对参与叛乱的士卒晓以利害，说："你们皆有父母妻儿，为什么做出这样的事情！凡策划叛乱的都站到左边来，凡被迫跟随的站到右边来。"于是，没有参与策划的数百名士兵都站到了右边，只有策划叛乱的十三个头领冲出营门逃走，分散躲进野外的村庄里，不久都被抓获。当时人们说："如果不是薛长儒挺身而出，全城就要遭殃了。这里就是用的攻心夺气的计谋。或者说：当两军对垒时，突然攻击强大敌军的弱点，破坏它即将取得的胜利，这也是"釜底抽薪"计的运用。

【战例】

齐景公美女"抽薪"计

齐景公自从在夹谷受过孔子一番奚落之后，很是难过，恰巧贤相晏婴又死了，后继无人，而鲁国重用孔丘，国政大治，更加惊慌起来，便对大夫黎弥说："鲁国重用孔丘，对我国的威胁极大，将来它的霸业发展，我国必首蒙其害，这却如何是好？"黎弥沉思了一会，说："釜底抽薪，逼走孔丘便是！""怎样除法？他正在得宠的当红时候！"景公问。

黎弥把计策说出来："岂不闻饱暖思淫欲，贫穷起盗心这句话？今日鲁国天下太平了，鲁定公是个好色之徒，如果把一群美女送给他，他必会不客气，照单接收，收了之后，自然日日夜夜在脂粉丛中打滚，什么孔丘，怎及金子女子，他还会同孔丘像过去那样亲密吗？这样一来，保管把孔丘气走，那陛下不是可以安枕无忧了吗？"

景公认为妙计，即令黎弥去挑选八十名美女，教以歌舞，授以媚容，训练成熟之后，又把一百二十匹马，特别修饰，金勒雕鞍，装成似锦一样，连同八十个美女一起送到鲁国去，说是给鲁定公享用的。

鲁国另一位丞相季斯，先听闻这个消息，即刻换了便服，坐车到南门去看，见齐国的美女正在表演歌舞，娇声遏云，舞态生风，一进一退，光华夺目，不禁目瞪口呆，手软脚麻，意乱神迷。

孔子　春秋末期思想家、教育家，儒家学派的创始人。字仲尼。鲁国陬邑（今山东曲阜）人，被后代统治者推崇为“至圣先师”。

因为迷于女色，季斯已忘记入朝议事这回事了。定公几番宣召，才懒洋洋地入宫进见。定公把齐国书给他看，他即刻答：“这是齐王的好意，不可推辞，照单接收就是！”

定公也好此道，便问美女何在？季斯乘机做向导，带他换了便服到南门去。

这秘密行动，被齐使知道了，马上让美女们表演。只见她们摆臂摇胸，似临风之芍药，巧笑媚视，如殒星之余晖，歌声乍起，疑是群莺出谷。君臣两位，已乐得神荡魂飘，齿酸涎落，甚至手舞足蹈起来。

“陛下请再过去看看那些良马吧！”齐使说。

“不用看了，这班美女已够瞧了，不必再看良马！”

当晚回宫，便叫季斯回信多谢齐王，重赏齐使，把那两批厚礼收入宫去。从此“芙蓉帐暖度春宵，从此君王不早朝”了。

孔子得闻这件事，凄然长叹起来。子路在旁说：“鲁君已陷入迷魂阵了，把国事置诸脑后。老师！可以走了吧！”

孔子说：“别忙！郊祭的时候已到了，这是国家大事，如君王还没有忘记它，国家犹有可为，否则的话，再卷包袱未迟！”

到了郊祭期间，定公也循例去参祭一番，却一点诚心都没有，草草祭完，便又回宫享乐去了。孔子便对子路说：“快去通知各同学，卷好包袱，明早就离开这儿！”

于是，孔子便弃官不做，率领一班学生去周游列国了。

周亚夫平定吴楚联军

汉景帝三年（前 154），吴王刘濞联合楚、赵、胶东、胶西、济南、菑川等七个诸侯王国，以“诛晁错、清君侧”为名，发动叛乱。正月，吴王刘濞、楚王刘成联兵向西进攻。他们首先攻打忠于汉朝廷的梁国，包围了梁都睢阳（今河南商丘市南），重创梁军，并于峭函间（今陕西潼关至河南灵宝一带）设下伏兵，阻止汉军东出，形势危急。景帝命周亚夫为太尉，率兵三十万解危、平叛。周亚夫率军行至霸上（今陕西西安东），采纳赵涉建议，改变行军路线，避开峭函间的吴楚伏兵，绕道武关（今陕西商南县西北）进军洛阳，然后派兵回头从后侧袭击吴楚联军设于峭函间的伏兵。继而移军荥阳（今河南荥阳县），再从荥阳出发，从北侧越过正被吴楚重兵围困的睢阳，袭占了敌军后方重镇昌邑（今山东金乡县西北）。之后，又出奇兵长途奔袭淮泗口（今江苏淮阴县西），切断吴楚联军的水上粮道。梁王因睢阳吃紧，多次向周亚夫求援，周亚夫却始终屯军昌邑不动；梁王上诉到景帝那里。景帝遣人转告周亚夫，周亚夫仍不发兵。此时，数十万吴楚联军久攻睢阳不下，粮道被断，又不得西过，处境被动，其出兵时的猛勇之势便大为削弱；不得已，转而进攻昌邑，企图与汉军主力决战。然而周亚夫却仍然坚守不出。吴楚军采用声东击西计对昌邑城实施强攻，又被汉军在城西北角打得大败。二月，叛军粮尽，士卒饥疲，气丧志颓，被迫退兵。周亚夫遣精兵乘机追击，大破叛军。楚王刘戍自杀，吴王刘濞仅收得残兵数千乘夜逃脱，后窜至东越被诛。周亚夫仅用不到三个月的时间，未经大的强攻苦战，以很小的代价，便平定了声势浩大的七国之乱，其奥秘何在？应该说，在很大程度上是得益于他的“釜底抽薪”计。他绕开峭函伏兵，置危城睢阳而不救，吴楚兵临昌邑而不战，这就避开了强敌的锋芒；他首歼峭函伏兵，以奇兵断敌粮道，又以坚壁昌邑，避免决战，养精蓄锐，拖疲叛军，这就大大加强了自己，削减了敌人的气势，然后乘机反攻，大获全胜。这不正是“不敌其力，而消其势”的妙用么！

【精评】

“釜底抽薪”是预防事件爆发或爆发后寻求彻底整顿的一种手段，是一种治本的办法。在斗争中，釜底抽薪又是一种“兜底”战术，主要是从对方的幕后去下功夫，侧面暗算，扯其后腿，拆其后台，使它不知不觉间变成了一个泄气的皮球。不管在战场、商场或政治舞台上，此计大用大效，小用小效。所以说，“釜底抽薪”之术，是最阴险毒辣的计谋。

第二十计　混水摸鱼

【计名由来】

“混水摸鱼”一词，起初可能是渔民们从捕鱼实践中摸索、总结出来的一句经验性俗语，后来逐渐被运用到社会生活的其他领域，以至被兵家和军事指挥员们用来作为表述某种军事谋略的军事术语。原意是，把水弄混浊了，鱼儿会晕头乱窜，此时乘机摸捉，往往易于得手。

比喻乘混乱之机，谋取某种意外的利益。在军事上指有意给敌方制造混乱，或乘敌方混乱之机，消灭敌人，夺取胜利。在战场上，冒充敌人而蒙混过关是此计常用的术法。东汉时，光武帝刘秀是一位很有韬略的政治家。在未登基前，曾在河北一带与王朗大战二十多日，最后攻破邯郸，杀死王朗，取得成功。当时，王朗在邯郸称王，实力雄厚。刘秀不敢正面与王朗开战，就带着少数亲信，到了蓟州。遇蓟州兵变，响应王朗，捉拿刘秀。刘秀无法，出城仓皇南逃。刘秀一行逃到饶阳，已饥疲不堪。这时，刘秀忽然灵机一动，说出了一个虎口求食的办法：冒充王朗的使者骗驿站的饭吃。众人装扮一番，就以王朗的名义，大模大样地走进驿站。驿站官员信以为真，急忙备美味佳肴招待。刘秀等人好几天没吃过一顿饱饭了，便狼吞虎咽地吃起来。他们的狼狈相引起了驿站官吏的疑心。为了辨其真假，驿站的官员故意将大鼓连敲数十下，高喊邯郸王驾到。这一喊声，非同小可，把众人惊得目瞪口呆，人人手心捏着一把汗。刘秀也惊得站起来，但很快镇定下来。他想，如果邯郸王真来了，是逃不掉的，只能见机行事。他给众人一个眼色，让大家沉住气。他自己慢慢坐下，平静地说：“准备觐见邯郸王。”等了好一会儿，也不见邯郸王的踪影，才知道是驿站官员搞的名堂。酒足饭饱之后，刘秀等人安然离开了驿站。刘秀此次的成功便是得力于计谋上的“混水摸鱼”和心理上的高度镇静。

【原文】

乘其阴乱〔1〕，利其弱而无主。随，以向晦入宴息〔2〕。

【注释】

〔1〕乘其阴乱：阴，内部。全句意为乘敌人内部发生混乱。

〔2〕随，以向晦入宴息：语出《周易·随》卦。随，卦名。本卦为震下。上卦为兑为泽，下卦为震为雷。言雷入泽中，大地寒凝，万物蛰伏，故卦象名“随”。随亦有顺从之意。《随卦》的《象》辞说：“泽中有雷，随。君子以向晦入宴息。”意思是说，人要随应天时的变化去作息，到了夜晚就当入室休息。打仗时要善于抓住敌方的可乘之隙，随机行事，乱中取利。

【译文】

乘着敌方内部发生混乱，控制他们使他们听从于我方，就像《周易》随卦象辞说的：人到夜晚，必须入室休息一样。

【前人批语】

动荡之际，数力冲撞，弱者依违无主〔1〕，散蔽而不察〔2〕，我随而取之。《六韬》曰〔3〕：“三军数惊，士卒不齐，相恐以敌强〔4〕，相语以不利。耳目相属〔5〕，妖言不止，众口相惑，不畏法令、不重其将，此弱征也。”是鱼〔6〕，混战之际，择此而取之。如刘备〔7〕之得荆州〔8〕、取西川〔9〕，皆此计也。

【注释】

〔1〕依违：依，依靠、拥护。违，违背、反对。无主：没有拿定主意。

〔2〕蔽：受蒙蔽、被掩盖。

〔3〕《六韬》：古代兵书名。相传为周代吕尚所著。吕尚，字子牙，东海姜姓；先封于吕，从其姓。文王聘于渭水之阳，说过“吾太公望之久矣”，因号“太公望”，俗称姜太公，辅周灭纣。世传其遗有兵书《六韬》六卷。《六韬》始辑录于《隋书·经籍志》，宋代列为《武经七书》之一，

刘备　字玄德。涿郡涿县（今河北涿州）人，公元221年在成都称帝，国号汉，史称蜀汉，年号章武。公元223年病卒，葬惠陵。谥昭烈皇帝。

同《三略》和“孙吴兵法”并称。引文见《六韬·兵征》。

〔4〕相恐：互相传播一些令人惊恐的消息。以敌强：说一些形容敌人如何强大之类的话。

〔5〕耳目相属：交头接耳，你看着我，我看着你。

〔6〕鱼：猎取对象，比喻敌人。《六韬·文师》：“今吾渔，甚有似也。文王曰：何谓其有似也？太公曰：钓有三种：禄等以权；死等以权；官等以权。夫钓以求得鱼也。其情深，可以观大也。”又《三略·上略》：“香饵之下，必有死鱼。”《韩非子·内储说下》：“古之人难正言，故托之于鱼。”

〔7〕刘备：三国时蜀汉皇帝。字玄德。涿郡涿县（今河北涿县）人，幼时家境贫苦。东汉末，起兵镇压黄巾起义军，并参与军阀混战，但因没有根据地而力单势薄。得诸葛亮辅佐后，实力才逐渐壮大。公元208年赤壁之战后，取得荆州为立足之地。后又乘刘璋集团内部分裂，于公元214年夺取益州，建立了根据地，同魏、吴形成了三国分立的局势。

〔8〕荆州：其治所在今湖北江陵县北。

〔9〕西川：即今四川西部。

【译文】

动乱不定的局面，存在多种冲突的力量，那此弱小的力量顺从谁或反对谁都没有拿定主意，敌方又被蒙蔽而没有察觉，我方应当立即随手把这股弱小力量夺取过来。兵书《六韬·兵征》写到：“军队多次惊慌，军心不一，又因为敌人估计过强而产生恐惧心理，互相说着泄气的话，大家互相咬耳朵、施眼色，谣言纷纷，听信假话，不怕法令，不尊重将帅。这些都是怯弱的征象啊。”这样的“鱼”，在混战的时候，应该乘机捕捉它。例如：刘备得荆州、取西川都是用的这一条计策。

【战例】

混水摸鱼胜将军

公元前284年，燕昭王以乐毅为上将军，率领燕、秦、赵、魏、韩等国的军队，一连攻下齐国的七十余城，攻占了齐国都城，齐国仅剩下两座城池，面临亡国的威胁。燕昭王死后，他的儿子燕惠王不信任乐毅。

齐国人田单得知，便派人到燕国，到处散布流言说乐毅有二心。燕惠王早已怀疑乐毅，加上田单的挑拨，因此撤换了乐毅的职务，另派骑劫来当大将军。燕军将士因此气愤不平，军心涣散。

乐毅　战国时燕将领，吴寿（今河北灵寿西北）人。初仕赵，后经赵入魏，又为魏使入燕，被燕留任为亚卿。

田单为了加强民众战胜敌人的信心，利用当时人们对鬼神的迷信，制造了齐军有“神师”助战的假相，燕军听说后，军心更加动摇。接着又设法让燕军割去所俘齐军士兵的鼻子，挖开齐国人的祖坟，烧毁骸骨，使得齐国军民义愤填膺，纷纷要求与燕人决一死战。

这时，田单开始准备大反攻。他制造了种种假相，让燕人以为齐国已经穷途末路，因而得意忘形，放松警惕。田单却找来一千多头牛，给它们穿上画着五彩龙纹的绸衣，牛角绑上锋利的尖刀，牛尾绑上浸透油脂的苇草，在城脚下挖了几十个洞，还挑选了五千多名勇士，跟随其后。乘夜点燃牛尾上的苇草，牛被烧痛，疯狂地冲向燕军，城里人呐喊助威，燕军惊恐万状，溃不成军，燕军统帅骑劫被斩杀，齐国人一举收复了全部失地。

【精评】

在浑浊的水中，鱼儿辨不清方向；在复杂的战争中，弱小的一方经常会动摇不定，这里就会有可乘之机。由于乱生于内，而形于外。因此，设谋乱敌，最有效的办法莫过于去钻进敌人营垒之内，乘机搅浑水，以便从中摸鱼。但更多的时候，这个可乘之机不能只靠等待，而应主动去制造。一方主动去把水搅浑，一旦情况开始复杂起来，就可以借机行事了。

第二十一计　金蝉脱壳

【计名由来】

金蝉脱壳原是一种生物现象，指蝉类昆虫在其生命进程中发生的一种蜕变。也就是人们在树林中能经常见到的，秋蝉从本体脱壳而去，却将蝉衣留在枝头。古人便用这种现象来喻指人类社会生活中的某些事物。如《史记·屈原贾生列传》说："濯淖污泥之中，蝉蜕于浊秽，以浮游尘埃之外，不获世之滋垢，濯然泥而不滓者也。"又《淮南子·精神训》："蝉蜕蛇解，游于太清。"佛家道家也常用以喻指得道者之死乃弃尸登仙，有如蝉之脱壳。如唐代和尚贯休《经旷禅师院》诗："再来寻师已蝉退，薝卜株枯醴泉竭。"至于从何时开始将"金蝉脱壳"一语用来喻指某种军事计谋，目下尚难确证，但至少在元代以前就有了。如元惠施《幽闺记·文武同盟》中写道："曾记得兵书上有个金蝉脱壳之计。"后来在各类文章、作品中使用此语的就更多了。如元马致远《三度任风子》："天也，我几时能够金蝉脱壳，可不道家有老敬老，有小敬小。"关汉卿《谢天香》："便使尽些伎俩，干愁断我肚肠，觅不的个脱壳金蝉这一个谎。"明吴承恩《西游记》第二十回："这个叫做'金蝉脱壳计'：他将虎皮盖在此，他却走了。"至于在军事实践中使用此计则更早。如三国时，诸葛亮第六次出祁山，病死五丈原军中。为避免蜀军撤退时遭司马懿袭击，诸葛亮临终前向杨仪授以密计：在他死后，秘不发丧，对外严密封锁消息；命工匠照着他的模样造木像一座，仍然羽扇纶巾，坐于行军的车中；同时，在撤军前，以一部分部队对魏军发动一次佯攻。在蜀军开始撤军后，魏军见蜀军军容整齐，且诸葛亮仍稳坐车中指挥，疑为敌方诱兵之计，遂不敢追。杨仪、姜维因而得以率领蜀军全师而回。诸葛亮命已归天，却留个"壳"（木人）在那吓人，这就是金蝉脱壳计的一次妙用。

【原文】

存其形，完其势[1]；友不疑，敌不动。巽而止蛊[2]。

【注释】

〔1〕存其形，完其势：保持阵地原有的战斗阵容，完备继续战斗的态势。

〔2〕巽而止蛊：语出《周易·蛊》。蛊卦为巽下艮上。艮为山、为刚，为阳卦；巽为风、为柔，为阴卦。故"蛊"的卦象是"刚上柔下"，意即高山沉静，风行于山下，事可顺当。又，艮在上，为静，巽为下，为谦逊，故又是"谦虚沉静""弘大通泰"，是天下大治之象。此计引本卦《彖》辞："巽而止蛊。"其意是暗中谨慎地实行主力转移，稳住敌人；乘敌不惊疑之际，脱离险境。

【译文】

保持阵地原形，造成强大的声势；使友军不生疑，敌人也不敢采取行动。这是从《蛊》卦辞"巽而止蛊"一语中悟出的道理。

【前人批语】

共友击敌[1]，坐观其势。倘另有一敌，则须去而存势[2]。则金蝉脱壳者，非徒走也[3]，盖为分身之法也。故大军转动，而旌旗金鼓，俨然原阵[4]，使敌不敢动，友不生疑。待已摧他敌而返，而友敌始知，或犹且不知。然则金蝉脱壳者，在对敌之际，而抽精锐以袭别阵也。如诸葛亮病卒于军[5]，司马懿追焉[6]。姜维令仪反旗鸣鼓[7]，若向懿者[8]。懿退，于是仪结营而去[9]。檀道济被围[10]，乃命军士悉甲[11]，身白服[12]，乘舆徐出外围[13]，魏惧有伏，不敢逼，乃归。

【注释】

〔1〕共友：与友军联合。

〔2〕存势：保存阵势。

〔3〕徒：仅仅、只是。

〔4〕俨然：很相像。

〔5〕诸葛亮（181—234）：三国时杰出政治家、军事家。字孔明。徐州琅琊阳都（今山东沂南）人。初为刘备军师；刘备称帝后任丞相，总理军政；刘备死后，辅佐后主，封武乡侯。此处所引诸葛亮死后退兵之事，见前文“计名由来”。

〔6〕司马懿（179—251）：三国时军事家、魏国名将。字仲达，河南温县（属今河南）人。曾为曹操军司马；曹丕称帝后任抚军大将军。

〔7〕姜维（202—264）：三国时天水冀县（今甘肃甘谷东）人，字伯约。原为魏将，后归蜀，得诸葛亮重用，任征西将军。诸葛亮死后，任大将军，屡次统兵攻魏，无功。公元263年蜀亡，姜维降于魏将钟会。后伪与钟会联结叛魏，拟乘机复蜀，事败被杀。仪：杨仪（?—235），字威公，襄阳（今湖北襄樊）人。东汉末年为荆州刺史主簿，后投关羽。刘备进位汉中王，拔擢杨仪为尚书。后主时，随诸葛亮出师北伐，任杨仪为长史、绥军将军。诸葛亮死后，因言行不检，被贬自杀。

〔8〕若：如、像是。若向：好像是指向。

〔9〕结营：安营扎寨。此处意为保持着完整的营塞，亦即保持了军队的完整。

〔10〕檀道济（?—436）：南北朝时期宋国名将。高平金乡（今山东金乡）人。初随刘裕从军，历任扬威将军、宁朔将军、冠军将军、镇南大将军，战功显赫。后因朝廷畏其兵权太重，被宋文帝刘义隆指使彭城王刘义康将他杀了。

〔11〕乃：于是，就。悉甲：全部披上盔甲。

〔12〕身：这里是指，身上穿着。白服：便服。

〔13〕舆：车。徐：从容的样子。外围：包围圈之外。

【译文】

同友军联合对敌作战，要仔细察明敌、我、友三方面的态势。如果另外发现敌人，必须保持原来的阵势而分兵去迎击。“金蝉脱壳”并不是一走了事，它是一种分身的法术。因此，当我方大军转移后，依然要旗帜招展，锣鼓声喧，很逼真地保持原来的阵势，这就可以使敌人不敢妄动，友军也不致生疑。等到我军已摧毁别处的敌人返回来，友军和敌人才发觉，或者还没有发觉。“金蝉脱壳”就是在对敌作战时，暗中抽走精锐部队去袭击别处的敌人的奇谋。比如：诸葛亮第六次出祁山伐魏时死于军中，魏军大都督司马懿领兵追袭。姜维命令杨仪指挥部队擂鼓佯攻，其矛头好像是指向司马懿的魏军。司马懿见后便引军退走了。于是杨仪得以完军而归去。又如南北朝时，宋将檀道济被北魏军队围困。檀道济命令军士全皆戴盔披甲，而自己则身着便装，坐着车子，领军从容地走出敌军包围圈。北魏的军队害怕宋军有埋伏，因而不敢逼近，于是檀道济得以安全归去。

【战例】

诸葛遗策　司马丧胆

三国时，诸葛亮五次伐魏都因粮草不足而坚持不久最后失败。当第六次伐魏时，设计出一长远的方案：把军队屯在五丈原（今陕西岐山县南）。然后分部分士兵到渭河南开荒种地，生产粮食，同时规定官兵不能骚扰老百姓，要与他们团结一起和睦相处，因此，官民关系十分融洽。诸葛亮又设计制造了“木牛流马”，从蜀地往前方运送粮食，用这种工具走窄陡的山间小路，就十分容易。诸葛亮准备了充足的粮草，下决心与魏军长期作战，表示北伐不成功，决不罢休。

魏国司马懿虽然足智多谋，但和诸葛亮相比，仍是稍逊一筹，因而和蜀军几次作战，都没有取胜。因此，魏明帝下命令：诸葛亮来进攻，只许将士坚守营寨，不准出战。而诸葛亮惧怕的正是这种拖延的战争，为此，他连续派人给司马懿下战书，激他出来对阵。司马懿坚持既定战略，拒不出战。诸葛亮又命令士兵去魏军营前挑战，什么“胆小鬼”“没皮没脸”的直骂，以激怒魏军。魏军将士果然火冒三丈，纷纷向司马懿要求与蜀军决一死战。司马懿仍然坚决不出来作战。

过了几天，诸葛亮又派使者前来，送上一套妇女穿的衣服和钗、环、脂粉等。使者说：“这是诸葛丞相送给司马大将军的。倘若再不敢出战，还不如穿上女人的衣服，当千金小姐，别当将军统率，免得遭人笑话。”司马懿闻此，气得七窍生烟。刚想扔掉衣服，宣布出战，但转念一想，战略是大事，可不能感情用事， 便强压怒火，笑嘻嘻地对使者说：“回去转告你们丞相，我谢谢他了。”

使者一走，众将士就乱哄哄地嚷着说：“大将军您能忍受这样的耻辱吗？快下令交战！即使战死在沙场，亦无所憾！”司马懿气愤地说：“我也不愿受这样的侮辱，并非我不敢出战，而是皇帝有令不允许攻，只允许守，要是你们都想与之大战，那我们一起请求皇上准许出战！”

于是，司马懿向明帝表明心意。明帝经过再三深思，认为与诸葛亮打仗，只守不战为上策。便派卫尉辛毗持皇帝的节杖到军营，传达命令说：不准出战。此后，不管将士再说什么，司马懿更有理由坚守不战了。

其实，司马懿的计谋，全为诸葛亮洞悉。诸葛亮得知辛毗到魏营，就对姜维说：“你看这回魏军该出战了吧？”姜维摇头说：“我看辛毗这一来，司马懿更不出战了。”诸葛亮很佩服姜维的见解，说：“你的话很对。司马懿本不想战，他这样做其实是故意做给将士看的。俗话说：‘将在外，君命有所不受。’如果胜券在握，何必在遥远地方去向皇上请战呐？”

又过了些日子，他又派使者到魏营下战书，顺便探听虚实。司马懿以宾客之礼接待使者，但打仗之事只字不提，只是问了些诸葛亮每日吃饭的多少，睡觉的多少而已，尽是些生活锁事。使者还以为是客气，就热情地回答：“诸葛丞相每天睡晚起早。打二十板子以上的处罚，都要亲自过问，恐怕有差错。可是每天就只吃那么一小碗饭。”司马懿送走使者后，对左右说：“诸葛亮这么劳累，又吃得这么少，寿命还能长久吗？”的确如此，诸葛亮平日不管大事小事，都亲自过问，总欲尽力将蜀国的事都做到尽善尽美。可是一人的力量有限，成年累月地操劳，身体日渐衰弱。左右都劝说他只要做好每项工作的分配，至于具体的细节就交给底下人去做就可以了。诸葛亮说：“我受先帝嘱托，深恐自己未尽力而为，未治好国家，有负先帝，我不能不如此做呀！”

姜维　字伯约，天水冀县（今甘肃甘谷县）人，三国末期蜀国名将。

诸葛亮对蜀国的大小事，都必亲自过问，夜以继日，劳累不堪，因此在公元234年，因积劳成疾在五丈原军营中卧病不起，只好将自己危急病情上报后主刘禅。刘禅得知后，忧心如焚，立刻派大臣李福到五丈原探望。诸葛亮喘着气对李福说：“想不到我半途而废，未能完成北伐大业。我死之后，你们要辅助皇上，多为国出力！”

李福流泪答应，又连忙回成都向刘禅报告诸葛亮病危的情况。

诸葛亮闭目稍事休息，把长史杨仪、司马费祎和护军姜维等都叫到身旁，交待了身后事，并且妥当安排了如何和司马懿进行抗战等等事情。又过了几天，诸葛亮病情更重，危在旦夕。大家都暗地流泪，悲痛不已。这时候，李福惊慌地又回到军营，见到诸葛亮已经奄奄一息，急得嚎啕大哭，这时，诸葛亮睁开眼睛，向李福说："我知道你回来的意思，你是要问谁能接替我管理朝廷大事吧？蒋琬是合适的。"李福连忙问："他以后呐？"诸葛亮说："费祎可以。"李福又紧接着问："再往后呐？"诸葛亮闭上眼睛，不再说话了。没几天，诸葛亮死在军营里，享年五十四岁。杨仪、姜维、费祎等按照诸葛亮生前的安排，不敢发丧，只是按照诸葛亮的方法悄悄地带领全军撤出大营。司马懿听说蜀军已经拔营撤退，拍手大笑说："诸葛亮一定病死了。这就好了，我们赶快追击，准备打一场大胜仗。"于是，他立刻集合将士追赶蜀兵。

当魏军追不多远的时候，就见到蜀军的后队，刚要奋力冲杀，忽然听到一阵鼓响，前面山谷和树林里面，密密麻麻地排满了蜀军的战旗。再一细看，蜀兵全都转过身来，后队改成了前队，一步一步地朝魏军这边走过来。这下子可把魏兵闹愣了。诸葛亮不是死了吗？怎么蜀军还这么不慌不忙呐？司马懿也感到惊慌、怀疑，难道诸葛亮没死，又耍了什么花招？于是他就下令全军停止前进，哪知道士兵早就被这场面吓着，已经沉不住气，掉头就往后逃跑。当时，司马懿在万分惊恐中阻止不住，也只好随着逃走。

原来，杨仪、姜维等是照诸葛亮生前定的计谋，故意"欲退先进"，施展"金蝉脱壳"之计，致使魏军被突然变化的情况所迷惑，顿时不知所措，被吓得逃跑了。等到魏军逃跑之后，杨仪等人这才放心大胆地带兵退到山谷里，举起白旗为诸葛亮发丧。全军将士都呼天抢地，痛哭不止。蜀军为诸葛亮发丧的事为魏军侦悉，飞快地报告司马懿。司马懿得悉诸葛亮真的已经病死，狠狠地拍着大腿，责怪自己胆子太小了！他听到当地老百姓议论："死诸葛吓跑了活司马。"真是啼笑皆非，只得对将士打着哈哈："我能料到他生，哪儿能料到他死呐？"司马懿带人到了蜀军扎营的地方，仔细观察之后，对左右将士说："蜀军的军营这么整齐，就是仓皇撤退之际，也一点不显得乱。诸葛亮真是天下奇才！"他想到诸葛亮死后，与蜀国暂时不会有大战事，总算免去一项忧虑。于是，就收兵回到洛阳。

蜀国有了大丧，满朝文武都小心着把内部的事安顿好，北伐的事只好暂时搁下了。这么一来，三国之间有好几年没打仗。

【精评】

金蝉脱壳是危急存亡时的脱身之计，施行此计时，形势已万分危急，本身已处于极端不利的地位，拼不得，退不得，不能不行险设谋突出重围，以便寻找机会东山再起。但不论是转移还是撤退，决不是惊慌失措，消极逃跑，而是保持原来的形式，抽走内容，稳住对方，使自己脱离险境，达到己方的战略目的。

第二十二计　关门捉贼

【计名由来】

关门捉贼是流传已久的民间俗语，其义不言自明。它与另一民间俗语“关门打狗”的意思相近。后来人们把日常生活中的这种小智谋移用于战争，便有了不同凡响的意义。在军事实践中，它与军事家常用的围歼战、口袋阵等大体上是一回事。古今中外战争史上使用此计的，比比皆是。就我国古代战争史来说，使用此计的著名战例，较早的有战国时孙（膑）庞（涓）马陵之战（前341）、秦赵长平之战（前262）、汉初的楚汉垓下之战（前202）等。此后使用此计而消灭对手的战例就更多了。

【原文】

小敌困之。剥，不利有攸往〔1〕。

【注释】

〔1〕剥，不利有攸往：语出《周易·剥》。剥卦为坤下艮上。上卦为艮、为山，下卦为坤、为地。意即广阔无边的大地在吞没山岳，故卦名曰“剥”。“剥”，落也。剥卦的卦辞说“剥，不利有攸往”，意思是说，当万物呈现剥落之象时，如有所往，则不利。此计引此卦辞，是说对小股敌人要即时围困消灭，而不应去急追或者远袭。

【译文】

对弱小的敌人，要加以包围、歼灭，如果纵其逃去而又穷追远赶，那是很不利的。这是从剥卦卦辞“剥，不利有攸往”一语中悟出的道理。

【前人批语】

捉贼而必关门，非恐其逸也〔1〕，恐其逸而为他人所得也。且逸者不可复追〔2〕，恐其诱也。贼者〔3〕，奇兵也〔4〕、游兵也〔5〕，所以劳我者也。《吴子》曰〔6〕：“今使一死贼伏于旷野，千人追之，莫不枭视狼顾〔7〕。何者？恐其暴起而害己也。是以一人投命〔8〕，足惧千夫。”

追贼者，贼有脱逃之机，势必死斗；若断其去路，则成擒矣。故小敌必困之，不能，则放之可也。

【注释】

〔1〕逸：逃亡、跑掉、隐藏。

〔2〕逸者不可复追：逃走的敌人不可再追。《李卫公问对·卷上》："法曰：佯北勿追。"又："奔北不追，则敌有谋矣。"这里仅从避免中敌埋伏而言，实际上，古代兵家都是主张跟踪追击的。如：《吴子·料敌》："众来则拒之，去则追之，以卷其师，此其势也。"

〔3〕贼者：这里是指诡计多端的盗贼。《通俗常言疏证·盗贼》："贼有贼智。"《通俗编》："盗虽小人，智过君子。"

〔4〕奇兵：使用偷袭战术的部队。《百战奇法·奇战》："凡战所谓奇战，攻其无备，出其不意也。"

〔5〕游兵：机动灵活的游击队。见《草庐经略·游兵》："游兵者，谓其无定在也。必上果锐而骑超捷，将勇悍而善应变。时而东，复时而西；时而出，复时而入。敌怒而迎，我引而退；敌倦而息，我临而扰。击其左，击其右，击其前，复击其后。击其懈弛而无备，仓卒难救。抄其谷食，焚其积聚，劫其辎重，袭其要城，取其别营，绝其便道；或朝或暮，伺敌之隙，乘间取利。飘忽迅速，莫可踪迹；于我为军之声援，于敌为彼之后患。夫使贼腹背均患，进退维谷，则不难于翦除。全胜之策，是一道也。"

吴起　战国初期著名政治家，军事家。后世把他和孙子连称"孙吴"。

〔6〕《吴子》：古代兵书名。战国吴起（?—前381）所著。吴起是战国初期杰出的政治家、军事家。卫国人。曾经做过楚国的令尹（相当于宰相）。实行变法，使楚国逐渐富强，后被贵族杀害。他的兵书《吴起》四十八篇已经散失，据传现有的《吴子》是后人所托的。引文见《吴子·励士》。

〔7〕枭视：猫头鹰白天看物，视而不见，眼大无神的样子。《吴子直解·励士》："枭，恶鸟也：日午不见物，故数视。"这里解作视而不见。狼顾：狼行走时，四下张望，以防袭击，比喻有后顾之虑。这里解作顾虑重重。见《史记·苏秦列传》："秦虽欲深入，则狼顾，恐韩魏之议其后也。"

〔8〕投命：豁出命去，不怕死。

【译文】

捉贼所以必须关门，不是怕贼逃走，而是怕贼逃走后反而被别人所得而利用。况且，对逃走的贼不可以再追，以免中了他的诱兵之计。所谓"贼"，是指突然来袭、出没无常、诡计多端的敌人，他们是要疲劳我方，以便实现他们的企图。兵书《吴子》写到："现在让一个亡命之徒，隐藏到广大的原野里，纵然派出一千人去追捕他，人们也会视而不见，顾虑重重。这是为什么呢？是怕遭遇突然袭击而受伤。因此只要有一个人不怕死，他就可使一千个人恐惧。"追赶盗贼这事，如果盗贼发现还有逃脱的机会，他必然拼死格斗；如果截断他的去路，盗贼就非被擒住不可。所以，对付弱小的敌人，必须包围、歼灭；如果办不到，暂时任他逃走也未尝不可。

【战例】

秦赵长平之战

周赧王五十三年（前262），秦国攻打赵国。秦军在长平（今山西高平北）受阻。长平守将廉颇见秦军势力强大，不能硬拼，便命令部队坚壁固守，不与秦军交战。两军相持两年多，秦军仍拿不下长平。公元前260年，秦王采纳了范雎的建议，用离间法让赵王怀疑廉颇。赵王中计，调回廉颇，派只会纸上谈兵的赵括为将，到长平与秦军作战。赵括到长平后，完全改变了廉颇坚守不战的策略，主张与秦军决战。秦将白起起初有意让赵括尝到一点甜头，使他的军队取得几次小胜。于是，赵括果然得意忘

白起　战国时期秦国名将。眉县（今陕西眉县东北）人，中国历史上著名的军事家。

形，派人到秦营下战书。这下正中白起的圈套。开战前，他分兵几路，抄赵括的后路，隐秘地形成对赵军的包围。第二天，赵括亲率四十万大军，来与秦兵决战。赵括因秦军几次交战都打输了，志得意满，哪里知道敌人用的是诱敌之计？他率领大军追赶假败的秦军，一直追到秦壁。秦军坚守不出，赵括一连数日也攻克不了，只得退兵。这时突然得到消息：自己的后营已被秦军攻占，粮道也被秦军截断。秦军派精骑五千突入赵营，将赵军分割为两块，分别全部包围起来。一连四十六天，赵军绝粮，士兵杀人相食，赵括只得拼命突围，白起已严密部署，多次击退企图突围的赵军。最后，赵括中箭身亡，赵军大乱，可叹四十万大军都被秦军杀戮。这个赵括，只会“纸上谈兵”。在真正的战场上，一下子就中了敌军“关门捉贼”计，损失四十万大军，使赵国从此一蹶不振。

黄巢“关门捉贼”

公元880年，黄巢率领起义军攻克唐朝都城长安。唐僖宗仓惶逃到四川成都，纠集残部，并请沙陀族人李克用出兵攻打黄巢的起义军。第二年，唐军部署完毕，试图出兵收复长安。凤翔一战，起义军将领尚让中敌埋伏之计，被唐军击败。这时，唐军声势浩大，乘胜进兵，直逼长安。

黄巢见形势危急，召众将商议对策。众将分析了敌众我寡的形势，认为不宜硬拼。黄巢当即决定，部队全部退出长安，往东开拔。

唐军抵达长安，不见黄巢迎战，好生奇怪。先锋程宗楚下令攻城，气势汹汹杀进长安城内，才发现黄巢的部队已全部撤走。唐军毫不费力地占领了长安，众将欣喜若狂，纵容士兵抢劫百姓财物。士兵们见起义军败退，纪律松弛，成天三五成群骚扰百姓，长安城内一片混乱。唐军将领也被胜利冲昏了头脑，成天饮酒作乐，欢庆胜利。

黄巢派人打听到城中情况，高兴地说，敌人已入瓮中。当天半夜时分，急令部队迅速回师长安。唐军沉浸在胜利的喜悦中呼呼大睡。突然，神兵天降，起义军以迅雷之势，冲进长安城内，杀得毫无戒备的唐军尸横遍地。程宗楚从梦中醒来，只见起义军已冲杀进城，唐军大乱，无法指挥，最后他在乱军中被杀。

黄巢用“关门捉贼”之计，重新占据长安。

【精评】

关门捉贼，是对弱小敌军采取的四面包围、聚而歼之的谋略。如果让敌人得以逃脱，情况就会变得十分复杂。穷追不舍，一怕它拼命反扑，再者又怕中了诱兵之计。所以对于“贼”，决不能让它逃跑，而是要截断他的后路，聚而歼之。当然，如果此计运用得好，还可以围歼敌军的主力部队，古今都不乏这方面的经典战例。

第二十三计　远交近攻

【计名由来】

远交近攻，语出《战国策·秦策》："范雎曰：'王不如远交而近攻。得寸，则王之寸；得尺，则王之尺也。今舍此而远攻，不亦谬乎？'"约在秦昭王三十八年（前269），范雎因避难由魏入秦。秦昭王知其能，遂以上宾相待，向他长跪而三问计。当时，秦欲统一天下。范雎在分析了秦王对外政策的失误之后，给秦昭王献上了"远交近攻"的策略。战国时期，七雄争霸。秦自商鞅变法之后，国力强盛。秦昭王开始图谋并吞六国，统一中国，但在策略中却实行近交远攻办法，准备联合并越过韩魏诸国而远征地处东海之滨的强齐。范雎认为秦昭王这样做是失策。他说："齐国势力强大，离秦国又很远；出兵攻齐，还必须经过韩魏诸国。出兵少了，则不能给齐国造成致命的伤害；出兵多了，劳师远征，又会给秦国自身造成大的损失。我猜想大王的意思是想让自己少出兵，而让韩魏两国的军队全体出动吧！但这样做合适吗？韩魏两国会干么？何况即使秦国打赢了，你也无法得到齐国的土地。因而不如反过来，远交近攻，派遣使者主动与相距较远的齐国结盟，而首先攻战身边的韩魏诸国。这样，灭一国就可得一国的土地，秦国就会越战越强大，大王的霸业就可以成功了。"秦昭王采纳了范雎的建议，此后，远交近攻便成为秦逐步并吞六国的基本国策，并由此最终了统一天下，建立秦帝国。

【原文】

形禁势格〔1〕，利从近取，害以远隔。上火下泽〔2〕。

【注释】

〔1〕形禁势格：禁，禁锢、限制。格，阻碍。全句意为受到地势的限制和阻碍。

〔2〕上火下泽：语出《周易·睽》。睽卦为兑下离上。上卦为离为火，下卦为兑为泽。上火下泽，是水火相克；水火相

克则又可相生，循环无穷。本卦《象》辞说："上火下泽，睽。"意为上火下泽，两相违离、矛盾。此计运用"上火下泽"相互违离的道理，说明采取"远交近攻"的不同做法，使敌相互矛盾、违离，而我则可各个击破。

【译文】

凡是受到地理形势的限制，攻取近处的敌方，就有利；攻击远处的敌方，就弊大于利。这是从《睽卦》象辞"上火下泽"中悟出的道理。

【前人批语】

混战之局，纵横捭阖之中[1]，各自取利。远不可攻，而可以利相结；近者交之，反使变生肘腋[2]。范雎之谋[3]，为地理之定则，其理甚明。

【注释】

〔1〕纵横捭阖：纵南北、横东西。战国时，苏秦联合六国，抗拒强秦，叫作合纵；张仪瓦解六国，变拒秦为侍秦，叫作连横。捭阖，择取手段，权变应对。见《鬼谷子·捭阖》："捭之者，开也、言也、阳也；阖之者，闭也、默也、阴也。"纵横捭阖，意思是采取联合与分化、公开与秘密的手段，伺机破敌。

〔2〕肘腋：肘，指胳膊的上节和下节。腋，指胳肢窝。这里的肘腋，比喻非常迫近的地方。

〔3〕范雎：战国时国魏国人。字叔，曾化名张禄。入秦游说昭王，驱逐专权的外戚。公元前266年被任为相国，封于应（今河南宝丰），因称应侯。曾建议秦王使用远交近攻的策略，先后击灭六个大国，使秦统一天下。

【译文】

在攻势纷乱的局面中，各方都不择手段，翻云覆雨，随机应变，为自己争夺利益。远处的不要去进攻，可以用些利益和他结交；邻近的如果去结交，反可使变乱发生在身旁。战国时范雎的谋略，就是把地理相处远近，作为结交或攻击的准则，它的道理是很明显的。

【战例】

赵匡胤的远交近攻计谋

赵匡胤上台后，杯酒释了老战友们的兵权，驯服了节度使，杀了兵变时为他开门放行的封丘守门官，这一些均为近攻。

与近攻同时，赵匡胤也十分善于注重远交。他很注意发现人才，起用了很多没有资历但很有才学的人担当重任。

陈桥兵变时，陈桥守门官忠于后周，闭门防守，不放赵军通过。赵军改走封丘，封丘守官开门放行。赵匡胤当皇帝后，杀了封丘守门官，起用了陈桥守门官。

一次，赵匡胤宴请群臣，翰林学士王著喝醉了酒，当众痛哭后周故主。有人上奏说应当严惩。赵说："在世宗时，我和他同为朝臣。一个书生，哭哭故主，没有什么问题，让他哭吧！"王著什么事也没有。

一次，赵匡胤乘驾出游，突然，有人向他射来一箭，正中黄龙旗。禁卫军大惊，有人上奏追捕杀手。赵说："谢谢他教我箭法。"下令不准禁卫军追捕射箭人。

赵匡胤的近攻，有效地抑制了功臣和皇亲国戚势力不良发展；远交网罗了大批人才，宽松的政治气氛与社会环境，促进了国家的发展。

成吉思汗灭宋兴元

成吉思汗统一蒙古后，东南相邻的是金；西南相邻的是夏；更远的是南宋。对蒙古汗国威胁最大的就是金国了。成吉思汗采取了远交近攻的战略。他一方面以武力胁迫西夏与蒙古议和，暂时消除了西夏对他的威胁。同时，派人去与南宋交好，愿与南宋联合攻金。南宋虽然迫于金的直接威胁没有联蒙打金，但对蒙侵吞金，采取了中立的态度。另一方面，成吉思汗率军大举攻金，金军连连败退，只好迁都开封。

成吉思汗基本解除了金的威胁后，回手进攻西夏。公元1227年六月，夏主投降，夏亡。七月，成吉思汗病死。

公元1229年，成吉思汗的第三子窝阔台继大汗位（元太宗），亦采取远交近攻的战略。窝阔台正式派使者去南宋，联合了南宋南北夹击金国。公元1233年，攻克开封。金哀宗逃到蔡州（今河南）。这一年，窝阔台为了表示对南宋的友好，还修饰了孔庙。公元 1234 年正月，金哀宗自缢而死，随即城被攻破，金灭亡。接着第二年六月，蒙古兵大举进攻南宋。公元 1271 年，成吉思汗的孙子忽必烈迁都大都（今北京）后，改国号元，称元世祖。公元 1279 年，元军攻占圭山（今广东新会南），宋大臣陆秀夫背着小皇帝跳海自杀，南宋灭亡。元统一了中国。

【精评】

远交近攻的谋略，不只是军事谋略，更多地是指政治战略。远交近攻是战备方面的运用，不是具体的战术运用。其主要目的是为了分化瓦解敌人的联合阵线，防止敌人联合行动，有利于我方将敌人各个击破。

第二十四计 假道伐虢

【计名由来】

假道伐虢，事见《左传·僖公二年》。事情是这样的：春秋时期的大国晋国想要吞并邻近的两个小国：虞和虢。为此，晋国大夫荀息向晋献公献计说："请以屈产之乘与垂棘之璧，假道于虞以伐虢。"意思是说，请你用屈地出产的良马和垂棘地区出产的美玉去收买虞国的国君，然后向虞国借道去攻伐虢国，事情就可以成功。晋献公说："这两件东西都是我的宝贝，怎么舍得送给别人啊！"荀息说："如果能够使虞国借道给晋国去攻伐虢国，那么将来虞国也就会归我晋国所有了。那时，你的宝物放在虞国的府库里，不就同放在晋国的府库里一样么！"晋献公听荀息说的有理，便采纳了他的计谋。虞公不听大臣宫之奇的劝阻，接受了晋国的要求，不但借道给晋国，还出兵帮助晋国攻占了虢国的国都下阳。这是晋献公十九年（前658）的事。过了三年，晋献公再次向虞国借道伐虢，虞国大臣宫之奇再次劝说虞公不要上当。他说："虢国是虞国的外围屏障，虢国灭亡了，虞国必然会跟着被灭亡。好比嘴唇和牙齿相互依存一样，唇亡则齿寒。"但虞公不听，并说："晋国和虞国都属姬姓，是同宗关系，晋国是不会加害虞国的。"宫之奇见虞公不听他的劝阻，预见到虞国必亡，便带着全家避难去了。后来，果然不出宫之奇所料，晋在灭虢之后，在回师途中，顺手灭掉了虞国，虞公其家室都当了俘虏。

【原文】

两大之间，敌胁以从，我假以势〔1〕。困，有言不信〔2〕。

【注释】

〔1〕假：假借。

〔2〕困，有言不信：语出《周易·困》困卦为坎下兑上。上卦为兑、为泽、为阴；下卦为坎、为水、为阳。卦象表明，本该容纳于泽中的水，现在离开泽而向下渗透，以致泽无水而受困；同时，水离开泽流散无归也是困，所以卦名为"困"。"困"为困乏的意思。困卦的卦辞说"困，有言不信。"大意是说处在困乏境地，难道还能不相信强者的话吗？本计运用此卦理，是说处在两个

大国中的小国，面临着受人胁迫的境地。这时，我若说要去援救他，他一定会相信？

【译文】

处在敌我两个大国之间的小国，当敌方强迫小国屈服的时候，我方要立刻出兵，显示威力，给予援救，这是不会不取得小国信任的。这是从困卦卦辞“困，有言不信”一语中悟出的道理。

【前人批语】

假地用兵之举〔1〕，非巧言可诳〔2〕。必其势不受一方之胁从，则将受双方之夹击。如此境况之际，敌必迫之以威，我则诳之以不害，利其幸存之心，速得全势〔3〕。彼将不能自阵〔4〕，故不战而灭之矣。如晋侯假道于虞以伐虢〔5〕，晋灭虢，虢公丑奔京师〔6〕，师还〔7〕，袭虞灭之〔8〕。

【注释】

〔1〕假地：借地。

〔2〕诳：欺骗、迷惑。

〔3〕全势：整个局势。

〔4〕自阵：依靠自己的力量保持阵势。

〔5〕晋侯：春秋时代晋国的国君，此处指晋献公。假道：借路。虞：春秋时代诸侯国名，姬姓，在今山西平陆北，公元前655年被晋所灭。虢：春秋时代诸侯国名，姬姓。有东虢、西虢、北虢之分。此处指北虢，建都上阳（今河南三门峡市东），占有今河南三门峡和山西平陆一带，公元前655年被晋所灭。

〔6〕丑：虢国国君的名字。京师：东周国都洛邑，即今洛阳。

〔7〕师还：军队返回。

〔8〕袭虞灭之：袭击虞国，并将它灭掉了。

【译文】

假道用兵的行动，不是靠花言巧语的欺蒙就能取得的。必须是这个国家处于这样的形势：如果它不是受来自一方的威胁，就会遭到双方的夹击。在这种情况下，敌人必然会用武力来逼迫它，我方却从不侵犯它的利益进行诱惑，利用它侥幸图存的心理，控制整个局势。这样，它势必不能保住阵地，所以不必经过战斗，就可以把它消灭了。例如：春秋时晋献公向虞国借道征伐虢国。晋国将虢国灭了，虢国的国君姬丑逃到了东周的京城洛邑，晋国军队在返回的途中，又袭击虞国，并将它灭掉了。

【战例】

唇亡齿寒　虞国丧邦

春秋初期，战争频繁，局势动荡，诸侯间相互拼杀，战争连年不息。晋国吞并附近小国后，至晋献公时已成为诸侯中的大国。晋国南面有两个小国：虞国（今山西平陆县东北）、虢国，而这两个国家却是同姓关系，因此很早以前，便有约定，哪方有事，对方都要主动相救。

晋献公早有扩充疆土，并吞这两个小国的野心。公元前658年，他向大夫荀息问道："现在去征伐虢国，你看可以吗？"荀息回答说："这不是时候，虞、虢两国互相依存，我如攻虢，虞必相救；我如攻虞，虢亦相援。以一国之兵，敌两国之师，恐怕难以取胜。"晋公又问："难道我们对虢国和虞国就没有办法可想吗？"荀息沉思良久后才回答说："办法还是有的。我听说虢公贪恋女色，我们就顺着他这一性格，专拣些美女给他送去，要求和他结为盟好，想必他乐于接受。倘他终日迷恋酒色，安于享乐，势必不理朝政。我们再以金玉珠宝贿赂西北犬戎国，令其进攻虢国，届时我们待机而动，定能成功。且您与犬戎又有姻亲关系，如向他提出伐虢的要求，定能答应。"

献公听了荀息的话语，认为很有道理，于是就按他说的，派人给虢公送去十余名美女。虢公果然高兴异常，欣然收下，同意与晋结好。这时，虢国大夫舟之侨向虢公进谏说："晋献公随时都想吞并我国，而现在拿几个美女来诱惑我们，肯定心怀鬼胎，假结盟，真正是要消灭我国啊，请大王三思啊！"但虢公不以为然。

不久，犬戎因接受晋国贿赂，果然出兵伐虢。虢与犬戎过去经常打仗，渭水一战，曾大败犬戎。虢公一向骄纵成性，这次见犬戎又来进犯，岂能容忍，便立即挥师迎击，两军在桑田对峙。

晋献公见虢国与犬戎已经交战，便问荀息道："这可以出兵攻打虢国了吗？"荀息说："还不行。因为虢国虽受犬戎侵犯，而虞虢之盟未断。我有一计，可先灭虢，后灭虞，一箭双雕。”献公一听，十分欣喜，忙问何计。荀息说：“君倘能贿赂虞公，向他借道伐虢，如果虞公同意，那这两国皆在我掌握之中。”献公道：“寡人依大夫之计谋，刚与虢结好不久，今又向虞假道伐虢，虞公怎能同意？”荀息说：“这有何难。我们秘密派人到虢挑衅，有意让虢人责骂并向我们挑衅，岂不就有了借口。”于是，献公依计而行，虢人果然又中了圈套。这时，荀息向献公说：“今君可将我们屈地（今山西吉县北）产的良马和垂棘地区出产的美玉赠给虞公，他就会同意我们借道伐虢了。”但献公舍不得，说：“此乃国家珍宝，怎能轻易送给他人？”荀息说：“倘以此能借得向虢进军之路，这些珍宝如同内库转至外库储藏一般，那就不叫作丢失了，只是暂放别处保管而已。”晋献公虽已领会其意，但又说：“虞有一忠臣宫之奇，会识破我们的计谋，恐怕不妥。”荀息说：“对宫之奇我颇有了解，他在虞公身边长大，与虞公关系甚为亲密，但虞公不会重视他的意见。再加上，宫之奇为人懦弱，即使他有所察觉，告诉虞公，只要虞公表示不同意，他就不敢多加强谏了。”献公觉得有理，便派荀息携带良马、美玉前往虞国。

荀息抵虞都拜见虞公，开始，虞公听说晋献公要来借道，不以为然。当荀息献上宝物，他的态度突变，手握美玉，眼看良马，连连称赞：“好马！好玉！”问荀息：“这不是贵国的珍宝吗，何以赠我？”荀息回答说：“冀国曾逞强恃胜，侵凌四方，首先占虞颠軨（今山西平陆北），后又侵虞鄍地（今山西平陆北），虞国奋起反抗，击败冀军，将其驱逐出境，此乃虞公英明果断，领导有方所致。而如今虢国却野心勃勃打算侵扰晋国土地，我们之所以借贵国的路，只是因为避开虢国严守地区，绕道进攻，以防侵扰。我国国君特将本国珍宝献公，以示对贵国的友好情意。”虞公见晋是大国，并且又这样诚恳地赠送珍宝，表示愿意出兵相助。

宫之奇闻之，果然深为忧虑，立即谒见虞公，陈明利害，请退还珍宝，不予借道。但虞公已被良马、美玉和荀息的话打动，不听宫之奇的劝告。宫之奇见虞公心意已定，也不敢再说什么。

这年夏天，晋献公便派里克为大将，荀息为副将，率领四百乘战车进入虞国。虞公也遵守诺言派兵相助，为晋军当向导。由于两军的配合，晋军迅速攻占虢国的下阳，并大肆掠夺，满载而还。

事后三年，即公元前655年，晋献公再次要求虞国借道去进攻虢国；此次宫之奇当即向虞公进谏说："虢国为虞国屏障，如果虢国灭亡了，那虞国离灭亡的日期也就不远了。晋国是大国，并正谋取虢国，今再次借道征伐，千万不能答应。与图谋者交往，对我们有何好处？前次借路，帮助他们攻占了虢国下阳，已属错误，我们岂可一错再错？俗语说：'辅车相依，唇亡齿寒。'这正反映了虞国和虢国之间的相互关系啊！"而虞公却认为：三年前晋借道伐虢，对虞并无损害，今又借道，难道就有害虞国？况晋、虞皆同姓（都姓姬）之国，岂能不讲情理。尽管宫之奇讲了"唇齿相依，唇亡齿寒"的利害关系，虞公终不听，仍答应借道给晋攻虢。宫之奇深知，一旦虢灭，虞必不保，随即将全族人迁离虞国，并预言："不须多久，晋即将以灭虢之军灭虞，不用再兴师动众了。"

这年的八月十七日，晋献公亲自率领战车六百乘，过虞境攻虢，虞公特地远道迎接，并陪送到虢边境。晋军直扑虢都上阳。虢虽举国上下同仇敌忾，奋力抵御，终因以弱对强，又无外援，坚守近四个月后，都城被晋军所陷，虢公出逃洛阳，虢国遂灭。

晋灭虢后，迅速回师，至虞时，虞公还亲自出城相迎。晋师驻虞都郊外，乘虞公来迎之机，突然袭击；虞公不防，当即被俘。晋军轻而易举地就灭了虞国。晋献公用大夫荀息"假道伐虢"之计，果然收"一箭双雕"之效。

【精评】

处在敌我两国中间的小国，当受到敌方武力胁迫时，我方常以出兵援助的姿态，把力量渗透进去。当然，对处在夹缝中的小国，只用甜言蜜语是不会取得它的信任的，一方往往以"保护"为名，迅速进军，控制其局面，使其丧失自主权。然后再乘机突然袭击，就可以轻而易举地取得胜利。此计在军事、外交、政治上都是"以假示真"法，真真假假施计于人，方可取胜，所以这一计的实践，在古今中外的历史上都不罕见，而且总有新意。

第五套　并战计

第二十五计　偷梁换柱

【计名由来】

偷梁换柱，原是一句成语。一般认为，它是来源于商纣王“托梁换柱”的传说。据传：商纣王的父亲帝乙一次领着纣王及文武百官游览御花园，欣赏牡丹花开，行至飞云阁处，见到阁上塌了一梁，心中很是不高兴。纣王见状，竟凭其力大无比，“托梁换柱”，把一座飞云阁修好了。又《红楼梦》第九十七回描述王熙凤设计以薛宝钗冒充林黛玉与贾宝玉成婚时，也说过“偏偏凤姐想出一条偷梁换柱计”。

按照前人的解释，此计的本意是：在同友军一道作战时，乘友军战斗失利之机，将其主力控制。但也有人认为，此计也可理解为：在与敌军作战时，设法将其主力调开，然后抓住其弱点，进行攻击，战而胜之。同时还有人认为，此计运用于政治斗争中，与人们通常所说的“调包计”相似。

【原文】

频更其阵〔1〕，抽其劲旅〔2〕，待其自败，而后乘之〔3〕。曳其轮也〔4〕。

【注释】

〔1〕频：频繁、不断地。其：指示代词，这里是指的友军。阵：古代作战时用的阵式。

〔2〕劲旅：精锐部队、主力部队。

〔3〕乘之：乘，乘机。乘之，这里是指乘机加以控制。

〔4〕曳其轮：曳，拖住。这句话出自《周易·既济·象》：“曳其轮，义无咎也。”意思是说只要拖住了车轮，便能控制车的运行，这是不会有差错的。

【译文】

采取措施频繁变更对手的阵式，藉以暗暗从阵中的要害处抽换其主力部队，等到它自趋失败，然后再乘机加以控制。这就像《周易·既济·象》所说的：要控制住车的运行，必须拖住车的轮子。

【前人批语】

阵有纵横[1]，天衡为梁[2]，地轴为柱[3]。梁柱以精兵为之[4]。故观其阵，则知精兵之所在。共战他敌时[5]，频更其阵，暗中抽换其精兵，或竟代其为梁柱；势成阵塌[6]，遂兼其兵[7]。并此敌以击他敌之首策也[8]。

【注释】

〔1〕阵有纵横：古代作战要布成阵式，阵式按东、西、南、北方位，其中的队列有纵有横。

〔2〕天衡为梁：天衡，这里是指布阵时，首尾相对的队列。梁，房屋的大梁。这里是指布阵时，首尾相对的队列具有整个阵式的大梁的作用。

〔3〕地轴为柱：地轴，这里是指布阵时，处于阵中心的队列。柱，房屋的柱子。这里是指布阵时，处于阵中心的阵列在整个阵式中具有支柱的作用。

〔4〕精兵：精锐的兵马，即主力部队。

〔5〕共战：这里是指与友军共同作战。

〔6〕势成阵塌：势成，这里是指对己方有利的形势已经形成。阵塌，这里是指友军的阵式已被我方频更其阵而搞乱了。

〔7〕兼其兵：兼，兼并、吞并。兼其兵，这里是指把友军的主力兼并归己控制。

〔8〕并此敌以击他敌之首策：此敌，这里是指原来的友军。他敌，这里是指原来与友军共同对付的敌军。首策，上策。全句意为这是兼并友军以击败敌军的上策。

【译文】

布阵分东西南北，有纵有横，按首尾相对列队的“天衡”，是阵中之“梁”；列队处于全阵中央的“地轴”是阵中之“柱”。所以，只要观察阵式，便能知道主力部队之所在了。在与友军布阵共同出战敌军时，可在频繁变换友军阵式的过程中，暗暗地将其主力部队从“天衡”“地轴”的方位抽换掉，或者是以我军的主力取而代之，以形成对我军的有利形势而搞乱了友军的阵式，这时，便可乘机将友军兼并归我军控制。这是兼并此敌（即友军），以击败他敌（本来的敌人）的上策。

【战例】

郑庄公偷梁换柱破敌

周桓王三年（前717），郑庄公假托周天子之命，纠合齐、鲁两国兵马前往攻打宋国。

宋殇公听说郑、齐、鲁三国兵马入境，大惊失色，急忙召见司马孔父嘉问计。孔父嘉奏道："我已派人打听清楚，周天子并无讨伐宋国之命，齐、鲁两国是受郑庄公的欺骗才出兵的。现在三国合兵而来，其锋甚锐，不可与它正面争战，惟有一计，方可使郑军不战而退。"殇公说："郑国明知今日攻宋，有利可得，怎会轻易退兵呢？"孔父嘉说："郑庄公亲自出马，领兵攻打宋国，其国内防守必然空虚，因此，只要我们以重金收买卫国，要卫国联合蔡国，以轻兵袭击郑国本土，威胁郑都荥阳，这样，郑庄公就自然会退兵回援了。而郑兵一退，便群龙无主，齐、鲁两国兵马也不会再留下为郑国卖命了。"宋殇公听从了孔父嘉的献策，并立即要他挑选二百辆兵车，带上黄金、白璧、绸缎，连夜赶往卫国，请求卫国联合蔡国出兵袭击郑国。

卫宣公接受了宋国的礼物，果真派右宰丑领兵与孔父嘉会合，经由间道，出其不意，直逼郑都荥阳城下，郑世子忽和大夫祭足急忙传令守城。这时，宋、卫的兵马已在郑都城外大肆抢掠，掳去了大量人畜辎重。接着，右宰丑便要趁势攻城。孔父嘉说："我们袭击荥阳得手，只是乘其不备，应该得利便止，如果继续留下攻城，万一郑庄公回兵救援，将会对我形成内外夹攻之势，那是很危险的。不如就此借道戴国，胜利回师。我估计当我军离开这里时，郑庄公的兵马也该从宋国撤退了。"于是，按照孔父嘉的布置，宋、卫两国兵马向戴国进发，想从戴国假道。却不料，戴国国君以为宋、卫兵马是来攻打戴国的，便关上城门死守。孔父嘉大怒之下，多次攻城，但总也攻不下来。

却说郑庄公领兵攻打宋国，本来是很顺利的。郑军大将颖考叔已攻破部城，公孙阏已攻破防城，分别向郑庄公大营报捷。怎料到正想乘胜挺进之时，忽然接到世子忽从国内送来的告急文书，说是宋、卫两国兵马正进逼郑都。这时，庄公表面上不动声色，只教传令班师。当大军回至半路时，又接到国内送来军报，说是宋、卫军马已撤离荥阳城外，向戴国方向去了。

庄公听到这一情报后，想了一下，便传令颖考叔、高渠弥、公孙阏、公子吕等四将，将兵马分为四队，偃息旗鼓，转道向戴国进发。

再说孔父嘉、右宰丑率领宋、卫联军进攻戴国，又得到蔡国领兵相助，满以为一举成功，却忽然接到探马来报说，郑国上将公子吕领兵救戴，已在离城五十里处下寨。接着，又听说戴君得知郑兵来救，已经打开城门将郑军接进城内去了。这时，孔父嘉便对右宰丑说："现在戴国有了帮手，他们必定会合兵向我军求战，你我何不站在壁垒之上，观察城内动静，也好有所准备。"于是他们便一起登上壁垒，仔细观察城内情形，对着城内指手划脚。正在说话间，忽听一声连珠炮响，城上一时竟遍插郑军旗号，郑将公子吕全身披挂，站在城楼上，大声叫道："多多感谢二位将军费力，我们已经取得戴城了。"原来这是郑庄公设的"偷梁换柱"计：假说是要公子吕领兵救戴，其实郑庄公就坐在戎车之中，只等进了城，便就势并了戴国之军，把戴君给赶走了。孔父嘉在城外见庄公不费吹灰之力便占了戴城，一时气愤填膺，决心要与庄公决一死战。当他正在心中筹划之时，忽报城中派人来下战书。孔父嘉当即批复来日决战，并约卫、蔡两国，将三路军马，齐退后二十里，以防自相冲突。由孔父嘉领军居中，蔡、卫军分列左右，三支军队相距不过三里。如此布署之后，各军遵令行动。刚把寨营安好，忽听寨后一声炮响，火光接天，都说是郑兵到了，孔父嘉才要出寨迎战，火光却又熄灭了，方要回营，却左边炮声又响，又是火光不绝。刚要看个究竟，却左边火光已灭，右边火光又起。孔父嘉认为这是庄公使的疑兵计，命令全军不许动乱！不一会儿，左边火光又起了，而且喊声震天，探马来报，说是左营蔡军被劫。孔父嘉正想前往营救，忽然右边火光再起，一时闹不清是哪家的人马，孔父嘉只叫继续挥军向左，慌忙间迷失了方向，遇上一队兵马便互相撕杀起来，结果发现竟是卫国的人马，于是两军合在一起，赶回中营，谁知中营却已被郑将高渠弥占了，且左有公孙阏，右有颖考叔领兵杀到，一直杀到天亮，孔父嘉无心恋战，夺路而走，遇上高渠弥，又杀了一阵，孔父嘉弃车徒步逃跑，跟随的只有二十

余人，右宰丑阵亡，余下的三国兵马辎重，全被郑军俘获，就这样，郑庄公用“偷梁换柱”计既得了戴城，又兼了宋、卫、蔡三国之师。

【精评】

偷梁换柱是用偷换的方法，暗中改变事物的本质和内容，以达到蒙混欺骗的目的。此计中包含尔虞我诈、乘机控制别人的权术，所以在历代的政治、经济、外交等活动中，常被用作奇谋妙计，来取胜敌人，解决矛盾，平息事端。它常常能迷住敌人的眼睛，致敌于死地。

第二十六计　指桑骂槐

【计名由来】

本计计名出自一句民间谚语，比喻一种间接对别人进行批评、指责的方法。《红楼梦》第十六回描写王熙凤向贾琏发牢骚时说：“你是知道的，咱们家所有的这些管家奶奶，哪一个是好缠的？错一点儿，他们就笑话打趣，偏一点儿，他们就指桑骂槐……”

但是，“指桑骂槐”用到军事上，则是指一种“惩一戒百”“杀鸡儆猴”的谋略，利用它来保证号令统一，军纪严明，令行禁止，以提高部队的战斗力。传说春秋战国时期，孙武奉吴王阖闾之命操练两队宫女。孙武对吴王说：“请大王以自己最宠爱的左姬与右姬分别担任左队和右队的队长吧，以便其他的宫女们能服从管制。”吴王欣然应允了。接着，孙武又请求在操演时，宫女们必须全身披挂，并正式设执法官一人，传令官二人，金鼓手二人，手执斧钺的牙将数人，分立将坛两旁，以壮军容。吴王也答应了。说罢操演开始，孙武亲自布阵，传令官将黄旗两面，分别授给左右二名队长，让她们执旗作前导，率领本队宫女按照五人为伍、十人为总的编队进行操演；各要步步相随，听金鼓为号令，或进或退，或左或右；一通鼓响，为两队齐起，二通鼓响，为左队左旋，右队右旋，三通鼓响，各自挺剑为争战势；听鸣金，则整队而退；一切均须按令行动，寸步不得混乱。宫女们原是懒散惯了的，根本没有见过战阵，听到孙武的将令，还以为是玩耍的，一个个嘻嘻哈哈，毫不在意。说话间，一声鼓响，宫女们或起或坐，东倒西歪，笑个不住。孙武见状，离坐而起，自责一番之后，重申军令。二次鼓响，宫女们虽已起立，但队形混乱，

孙武　字长卿，春秋晚期齐国人，我国古代著名的军事家。

且仍然嬉笑不止。孙武再作自责，再申军令。三次鼓响，宫女们竟然仍是随意嬉笑。这时，孙武神情严肃，厉声喝问执法官："军阵之中，三次违令，该当何罪？"执法官回答："依军法，当斩首！"孙武说道："战阵之上，士卒不可尽诛，罪在队长，可即将左、右两名队长立即斩首！"吴王阖闾听说自己两名爱姬就要问斩，大吃一惊，连忙命大臣伯嚭前去营救，却不等伯嚭到达将坛，他的两名爱姬已经被斩首示众了。这时，孙武再宣布操演命令，两队宫女左右进退，回旋往来，皆合阵法，丝毫不差，且自始至终，鸦雀无声。于是，孙武向吴王禀报说："两队宫女已操练整齐，一切将听从大王调遣，虽让其赴汤蹈火，也不敢逃避了。"后代兵家便以这一传说来说明"指桑骂槐"计的特点和含义。

【原文】

大凌小者，警以诱之〔1〕。刚中而应，行险而顺〔2〕。

【注释】

〔1〕大凌小：大，强大。凌，凌驾、控制。小，弱小。警以诱之：警，警戒。这里是指使用警戒的方法。诱，诱导。全句意为势力强大的控制势力弱小的。用警戒的方法进行诱导。

〔2〕刚中而应，行险而顺：语出《周易·师·彖》："师，众也；贞，正也。能从众正，可以王矣。刚中而应，行险而顺。以此毒天下而民从之，吉又何咎矣。"这段话的意思是说军队是由为数众多的人组成的。人数众多，必是良莠不齐，必须以正道使之统一，方可称王于天下。师卦为坎下坤上，九二为阳、为刚，处于下坎之中位，又与上坤的六五相应，象征着主帅得人并受到信任，这种"刚中而应"。但坎卦又为水、为险，坤卦则为地、为顺，象征着为帅者需用险毒之举，方可使士兵顺从，这叫做"行险而顺"。以险毒之举使全军将士归之于正，乐于顺从，其结果必将是顺利的而不会有过错。

【译文】

凭借强大的势力去控制弱小者，需要用警戒的方法进行诱导。这就像师卦所讲，适当地运用刚猛阴毒的办法，可以赢得人们的归顺，获得最后的成功。

【前人批语】

率数未服者以对敌[1]，若策之不行[2]，而利诱之，又反启其疑，于是故为自误，责他人之失，以暗警之[3]。警之者，反诱之也[4]。此盖以刚险驱之也[5]。或曰：此遣将之法也。

【注释】

〔1〕率数未服者以对敌：率，率领。数，一些、一批。未服者，还没有信服的人。全句意为率领一批还没有信服你的人去与敌人作战。

〔2〕若策之不行：若，如果、假如。策，鞭策，可引伸为管治。全句意为如果管制他们不住。

〔3〕暗警之：暗示并警告他们。

〔4〕反诱：从反面进行诱导。

〔5〕以刚险驱之：刚险，刚猛险毒。驱，驱使、驱赶。全句意为用刚猛险毒的手段去驱使他们。

【译文】

率领一批不服从自己的人去与敌作战，如果控制不住他们，而用金钱财物去利诱他们，反而会引起他们的疑心。这时，你就应该故意造成一些失误，并以之去责备别人，借以暗示并警告那些不服管制的人。这种警告是一种从反面进行诱导的方式。它是一种以刚猛险毒的手段驱使人们服从管制的谋略。有人说：这是一种调兵遣将的方法。

【战例】

穰苴军前斩庄贾

周景王十八年（前527），齐景公拜穰苴为大将，命令他带领兵马前往抵御晋国和燕国的进犯。穰苴向景公奏道："臣出自微寒，您骤然拔擢我为大将，恐怕人心不服，请求派一位您最亲近的大臣作监军，才能镇慑人心，令出必行！"景公接受了穰苴的请求，派大夫庄贾作监军，命令他与穰苴一道领兵拒敌。庄贾接受景公的授命后便问穰苴定于何日出兵，穰苴回答说："兵贵神速，出兵日期就定在明日午时吧！届时我将在军门恭候，务请准时到达，不要误了行期啊！”说罢两人便分手了。

到了第二天午前，穰苴先到军中，命令士卒立木为表，观察日影，同时派人催促庄贾迅速前来军中报到。可庄贾却依仗自己素受景公宠爱，骄气十足，加上自己授命为监军，职位与穰苴相当，以为凡事可以自由作主，便全然不把穰苴的军令放在心上，任凭穰苴多次派人催促，他却只顾在亲友家喝饯行酒，一直喝到日影西斜，还顾不上去军中报到。

却说这边校场上，穰苴久等庄贾不到，便命令士兵将木表放倒，自己一人登坛誓师，严厉申明各项军纪号令。这时已是日薄西山，远远见到庄贾领着一班人，坐着高车大马，缓缓到来；到了军门，又被左右簇拥，走上将台。穰苴把这一切都看在眼里。他端坐在将台之上，一动也不动，神情极为严肃。等庄贾在将台就坐之后，穰苴先厉声喝问一句：“监军为何迟到？”庄贾满不在乎地回答道：“这次远道出征，亲戚故旧摆酒饯行，所以来迟了一步！”穰苴见他回话之中丝毫没有愧疚之意，便更厉声地责问道：“你作为监军，也是三军之将，应知受命之日，即应忘其家；在军中执行军纪号令，即应忘其亲；在前线冲锋陷阵，即应忘其身。今日敌国侵凌，边境骚动，主上寝食不安，以三军之众，托付你我两人，期望我等旦夕立功，解民倒悬，你怎能还有闲心与亲戚故旧饮酒作乐呢？”庄贾听了穰苴的责备，以为是小题大作，依然毫不介意地笑着说：“好在我还没有耽误行期，元帅何必如此认真？”

穰苴听了庄贾的狡辩，更是怒不可遏，厉声呵斥道：“你依仗主上宠爱，胆敢怠慢军心，倘若临阵作战，岂不贻误大事！”说着便问军政司：“按军法，整军誓师，迟到者该当何罪？”军政司回答：“依军法，当斩首！”庄贾听说一个“斩”字，才觉有些慌张，便想跑下将台溜走。穰苴大喝一声，命令军士将庄贾拿下，立即推出辕门斩首示众。吓得庄贾魂飞魄散，哀叫饶命。

庄贾的从人连忙跑去宫中向景公求救。景公听说自己的幸臣即将问斩，不觉大吃一惊，急命梁据邱持节前往军营，令穰苴宽免庄贾死罪，同时自己也亲自驱车随后赶来，唯恐迟了不济于事。岂知这一切努力已属枉然，不等梁据邱走到军营，庄贾的首级已挂在辕门了。梁据邱一时心急，冲进军营大门。这时，穰苴又一声喝令军士将梁据邱阻住，并再问军政司：“按军纪，军营之内，不得骑马驾车。梁据邱身为主上使者，违犯军令，该当何罪？”军政司又回答说：“依军律也应斩首。”吓得梁据邱一时面如土色，跪地求饶说：“我是奉景公之命而来，一切不干我的事呀！”穰苴说：“既是奉景公之命，可以不斩首；但军法不可废，应毁车斩马，以代死罪。”梁据邱这才保全了一条性命，抱头鼠窜而去。三军将士见穰苴如此执法如山，一个个不寒而栗，人人相互招呼务必严守军令，不得疏忽。一时间，军容严肃，军威大振，不等穰苴的兵马走出国境，晋军即已望风退走，燕军也渡河北归。穰苴领军乘胜追击，斩首万余级，燕军大败，愿意缴纳金银财物向齐国请和。班师之日，齐景公亲到郊外劳军，并拜穰苴为大司马，掌管全国兵权。

【精评】

指桑骂槐是在和自己有关或激于义愤，对不能不骂的人，而又处于不便公开骂的环境里，为排泄胸中的愤懑，借着一件事物或虚构什么，表面上是骂这件事物，骨子里却骂那个人。它属于一种骂人的艺术，目的是不作正面冲突，而是旁敲侧击的手法，介乎批评与谩骂之间，其态度没有批评那样冷静，也不像谩骂那样泼辣；就是骂也骂得高明，纵使令人听了咬牙切齿，却也抓不到反抗的把柄。

第二十七计　假痴不癫

【计名由来】

本计计名是从民间俗语“装疯卖傻”“装聋作哑”等转化而来。在日常生活中，人们为了回避某种矛盾，或者为了度过某种危难，或者为了对付某个势力强大的对手，在一定时期内，故意装作愚蠢、呆痴，行“韬晦”之计，以求保存自己，然后等待时机，战胜对手。传说中的箕子佯狂就是运用此计的一个典型。殷商时期，纣王的太师箕子因无法劝说纣王放弃暴政，便佯装痴傻。一次，纣王作长夜之饮，喝得酩酊大醉，连年月日也忘记了，问左右的人，大家因畏惧纣王凶残，都跟着说不知道。于是，便派人去问箕子，箕子想了一下，也说自己不知道。左右的人感到奇怪，便问箕子道：你明明知道，为什么也说不知道呢？箕子回答说：纣王是天子，他终日沉溺酒色，连年月日都搞不清了，这说明殷朝快要亡国了；一国的人因害怕纣王凶残无道都说不知道的事情，独独我说知道，那我的性命不是危在旦夕了吗？所以，我也假装酒醉说搞不清啊！这便是箕子使的“假痴不癫”计。以后，人们把它运用于军事上，主要有两种用法：一是用于举行兵变，主要是作为一种欺骗，麻痹对手，以便自己积蓄力量，等待时机，发起攻击的计谋。二是作为一种愚兵之计。

箕子　名胥余，因封国于箕（今山西太谷县东北），爵为子，故称箕子。

【原文】

宁伪作不知不为[1]，不伪作假知妄为。静不露机，云雷屯也[2]。

【注释】

〔1〕宁伪作不知不为：宁可假装无知而不行动。伪，假装。不为，不行动。

〔2〕静不露机，云雷屯也：语出《周易・屯・象》：“云雷，屯，君

子以经纶。”意思是说君子应该韬光养晦，深藏不露，像雷电在冬天蓄势待发一样。面临这样的艰难局面，人们必须冷静处置，认真调理，周密策划，要“经纶运于一心”而不动声色，要“‘盘桓’安处于下”而以屈求“伸”，要因势利导，待机而动，而决不可“快意决往，遽求自定以为功”（以上引文均系王船山语）。静，平静、沉静。机，这里是指的心机。

【译文】

宁肯装作无知而不采取行动，不可装作假聪明而轻易妄动。要保持沉静而不泄露任何心机。这是从屯卦象辞“云雷，屯，君子以经纶”一语中悟出的道理。

【前人批语】

假作不知而实知，假作不为而实不可为，或将有所为。司马懿之假病昏以诛曹爽[1]，受巾帼、假请命以老蜀兵[2]，所以成功；姜维九伐中原[3]，明知不可为而妄为之，则似痴矣，所以破灭。兵书曰：“故善战者之胜也，无智名，无勇功。”当其机未发时[4]，静屯似痴[5]；若假癫，则不但露机，则乱动而群疑。故假痴者胜，假癫者败。或曰：假痴可以对敌，并可以用兵。宋代，南俗尚鬼[6]。狄青征侬智高时[7]，大兵始出桂林之南，因佯祝曰：“胜负无以为据。”乃取百钱自持，与神约，果大捷，则投此钱尽钱面也。左右谏止：“倘不如意，恐沮师[8]。”青不听。万众方耸视[9]，已而挥手一掷，百钱皆面。于是举兵欢呼，声震林野，青亦大喜；顾左右，取百钉来，即随钱疏密，布地而贴钉之，加以青纱笼，手自封焉。曰：“俟凯旋，当酬神取钱。”其后平邕州还师，如言取钱，幕府士大夫共祝视[10]，乃两面钱也。

【注释】

〔1〕司马懿：三国河内温县（今河南温县西）人，字仲达。初为曹操主簿，多谋略，善权变，后任太子中庶士，为曹丕所信重。魏明帝时，任大将军，多次率军对抗诸葛亮。曹芳即位，他与曹爽同受遗诏辅政。嘉平元年（249），杀曹爽，专国政。曹爽：三国谯（今安徽亳县）人，字昭伯，曹操侄孙。魏明帝时，为武卫将军。曹芳即位，他与司马懿受遗诏共同辅政，用何晏为心腹，与司马懿争夺政权，后被司马懿所杀。

〔2〕受巾帼、假请命以老蜀兵：巾帼，我国古代妇女的头巾与发饰。假请命，假装上表请命。老，疲劳，这里作使动词，意为使疲劳。全句的意思是指，司马懿接受诸葛亮送来的妇女服饰，而不因受到侮辱而被激怒，依然假装上表请命而拒不出战，以此来疲劳蜀军。

〔3〕姜维：三国天水冀县（今甘肃甘谷东）人，字伯约。本为魏将，后归蜀，深得诸葛亮信任，任为征西大将军。诸葛亮死，继领其军。后任大将军，曾九伐中原无功。

〔4〕机：这里是指的计谋。

〔5〕静屯似痴：像屯卦所要求的那样，沉静得近乎痴呆。

〔6〕南俗：南方的风俗。尚鬼：崇拜鬼神。

〔7〕狄青：北宋大将，字汉臣，汾州西河（今山西汾阳）人。行伍出身，在对西夏战争中屡立战功，被范仲淹等所擢用，由士兵累升为大将。侬智高：宋时广源州（今越南高平广浦）的壮族领袖。宋庆历元年（1041），势力扩展到镗犹州（今广西靖西县东部），建立“大历国”政权。皇祐四年（1052）又自立为“仁惠皇帝”，从邕州沿江而下，攻破横、贵、浔、龚、滕、梧、封、康、端诸州，进而围攻广州。皇祐五年（1053），宋遣大将狄青征讨，败侬军于昆仑关归仁铺，智高退走云南大理，后不知所终。

〔8〕沮师：使军队士气沮丧。

〔9〕耸视：耸立而视。

〔10〕幕府：这里是指带兵的将领。

【译文】

假装不知，其实心里非常明白；假装不行动，其实是客观形势不允许现在有所行动，或是要耐心地等待时机成熟时再行动。这就是当年司马懿用假装患病、神志不清的计谋诛杀曹爽之所以能够成功的原因，也是司马

狄青　北宋将领，字汉臣。汾州西河（今山西汾阳）人。宝元初（1038—1040），任延州（今陕西延安）指使，累官泾原路，真定路都部署，经略招讨副使。至和三年（1056），受谣言中伤，出陈州（今河南淮阳），次年去世。

懿当年接受诸葛亮“赠送”妇人服饰，却并不因受到侮辱被激怒，借口要上表请命而拒不出战，以疲劳蜀军，最后所以能够成功的原因。姜维九次征伐中原，是明知不可为却偏要执意妄为，那就是真的痴了。所以必然要遭到失败。《孙子兵法》说：“善于用兵的人，打了胜仗，却没有智慧的名声，也没有骁勇的功劳。”当他们的计谋还没有实行时，他们会像屯卦所说的那样，保持异常的沉静，丝毫不露声色。如果是假装疯疯癫癫却是不行的，那不仅会泄露心机，还会因乱动而引起人的疑惑。所以说，只能装痴而不能装癫。装痴可以反胜，装癫则会失败。有的人还说：装痴既可以用以对敌，也可以用来治军。宋代，南方的风俗崇尚鬼神。狄青率军征讨侬智高，大军刚到桂林以南时，狄青便假装拜天神说：“这次出征是胜是负还不知道啊！”说罢便取出一百个钱用手拿着，与天神相约：如果此次出征能取得胜利，就让掷出的钱落地之后都正面朝天！左右的人劝狄青说：“这样做不行啊，倘若掷出的钱正面不朝天，将意味着出师不利，恐怕损伤部队的士气呀！”狄青根本不听劝说。于是士兵们一个个耸立观看。狄青挥手一掷，一百个钱纷纷落地而且都正面朝天。人们齐声欢呼，声音响彻林野，狄青自己也非常高兴，随即又招呼左右的人取一百个钉子来，按照钱落在地上的稀密，把钱都钉在地上，再用青纱笼罩，狄青并亲自把纱罩封好，说道：“等到凯旋，一定要酬谢天神后再把钱取回。”后来，狄青领军平定了邕州，胜利班师回来按照原先讲的那样去取钱，将军和士兵们都围在一旁共同祷告观看，却见到所取的钱原来两面都是同样的正面！

【战例】

装癫不行而后兵

明太祖驾崩后，因继承人皇太子朱标早已亡故，由长孙继位，是为惠帝，年号建文，亦即建文皇帝。建文帝年纪虽轻，却相当精明，即位不久，便为巩固他的帝位而挖空心思，绞尽脑汁。他知道自己的处境，在十多个王叔的钳制下，前程是相当不乐观的。为使皇权不受控制，在黄子澄等策划下，大刀阔斧进行削藩运动，把那班老叔父按其危险性程度，该流放的流放，该杀的杀，逐步把这批对皇朝威胁的势力肃清，只有宁王和燕王因环境特殊，还未敢贸然下手。尤其是燕王，他兵权在握，而且声望极高。因此建文帝更是恨而不安，便也越想尽快除掉这条祸根。

燕王朱棣眼见各位王兄王弟一个个倒了，兔死狐悲，预感到此种不幸终必轮到自己，与其等死，不如先发制人，起兵发难。然而，他的军师道衍却以军备未足，时机尚未成熟，劝他再等机会。燕王听从军师的劝告，暂时隐忍，秘密练兵，积极做行事准备。

有一次，燕王照例派亲信葛诚入京奏事。葛诚见了建文帝，建文帝有意收买他，便召他进入密室，对他说："如果你能把燕王的活动情况及时报告，将来升你为公卿。"葛诚说："食君之禄，担君之忧，臣愿效犬马之劳，此次回去，必密报燕王诸事，为陛下作内应。"

葛诚回到燕京后，怂勇燕王入京（应天府）见帝，以释嫌疑，此计无非想驱羊入虎口。燕王与道衍商议，道衍力主不去，燕王却说："现在既然时机未成熟还不能举兵，不如暂往一行，减少他的怀疑，料他对我也奈何不得。"因此便毅然进京，果然有人怂勇建文帝将他扣留，但建文帝犹豫，一时又找不到借口，于一个月后，便放燕王返回燕京。

燕王在京被扣了一个月，更感到自己处境的不妙，便想出采取表面上不动声色，来消除惠帝对他的戒心，于是，假装卧病不起。

建文帝虽放走燕王，却也时刻防备，并不因他"病重"而松懈。采用了一个调虎离山计，以边境防卫为名，把燕王所属的劲旅调了一部分离开顺天府，派亲信工部侍郎张昺为布政使（行政长官），谢贵为都指挥（城防司令），把文武两权夺了过来。又找借口把燕王的部属于谅、周铎两人杀了，罪名是阴谋叛变。

燕王眼见这种夺权把戏，无非因自己而发，为保全性命，伺机发难，便装癫扮傻，常常溜出王府，整天在街边游荡，口出狂言，看到别人有酒食，抢来就吃，十足一个疯子。有一次，出门几天都没有回来，从人到处寻找，见他睡在泥淖里，扶起他，他还大骂："我好好睡在床上，干吗要抬我出去？"

建文帝派来的亲信张昺和谢贵知道此事，便入王宫去探病，想看个究竟，只见燕王穿起皮袄，在大暑天里围炉而坐，身子不断发抖，牙关频频打颤，不住地说天气太冷，也就认定燕王是真病，防备稍为放松。但被建文帝封官许愿收买了的葛诚，却偷偷走出王宫，向张昺、谢贵告诉说：燕王根本没有病，这是装癫扮傻，用意难测，切勿给他瞒过。

张昺和谢贵于是上报朝廷，建文帝便立即采取行动，密令城防副司令张信下手。那张信颇具正义感，接到密令，却犹豫不决；他的母亲见此情形，问明情况，并劝他为人做事，要依理明义，不要愧对天地人神。于是，张信便把事情拖延下去。

建文帝见还没有消息，又再下密旨催张信。张信发火了，说："朝廷为何逼人太甚？"乃忿然去见燕王。守门的不准他进去，张信大声说："你们只管去传报，说我张某有要紧事求见！"

燕王召见张信，却仍卧在床上，不说半句话。左右说："殿下正患风疾。"张信明知其诈，便说："殿下不必这样，有什么事，可对老臣直说无妨。"燕王打量他的神气，并无恶意，才开口说："这场病真惨，已挨几个月了。"张信见他仍不肯露真情，心一急，便流起泪来，率直告诉燕王："殿下，事到如今，还不说出真话，大祸真的已临头了。"顺手拿出建文帝的手谕来，说："朝廷命我擒拿殿下，如果你有意，就要推诚相告，让大家想个办法，否则便肉在砧上，宰割由人。"

燕王一见，连忙起身下床，向张信叩谢，急召军师道衍入室，商量救急之计，密议结果，由张信增兵王宫，说是严密监视，实际上是保护燕王的安全，进一步又定计要除掉张昺和谢贵这两位朝廷命官。

外驰内张的情势，已到了一触即发的地步。张信为了掩人耳目，暗中保护王府安全，即晚下令把燕王的部将全体逮捕，说是有造反嫌疑，要押赴朝廷处决；一面又暗中派出精壮士兵，埋伏在东殿两旁，宫门内外。

天明，燕王以张信闯入王府捉人为由召张昺和谢贵，商议如何把这批阴谋造反的将领押解入朝。

张谢两人虽然不疑，但也有防备，带了很多卫队前往，到了礼端门，燕王扶杖把他们迎进去，卫队却被拒于门外，在接待张、谢二人时，左右献进几个西瓜，燕王忽然站起来，气忿忿说："想起我朱某，身为皇帝叔父，却要惶恐度日，今皇帝待我这样，兄弟叔侄间的骨肉情一毁殆尽。国家还有什么希望呢？"说完将手上的西瓜往地上一摔。

这原来是个暗号，两旁埋伏的士兵一见，即拥了出来，不由分说就把张昺、谢贵绑捆，再揪出葛诚来，一同处斩示众，随即宣言，起义兵，清君侧，直向应天府进军。不久便攻破皇城，迫得建文帝削发为僧，化装逃亡海外。燕王夺了帝位，改年号为"永乐"，是为明成祖。

【精评】

假痴不癫，重点在一个"假"字。这里的"假"字意思是装聋作哑，痴痴呆呆，而内心却特别清醒。此计作为政治谋略和军事谋略，都算高招。用于政治谋略，就是韬晦之术，在形势不利于自己的时候，表面上装疯卖傻，以免引起政敌的警觉，而暗地里却在做积极的准备，等待时机。军事上用此计可以麻痹敌人，并伺机给敌人以措手不及的打击。这种方法，关键是表演逼真，不露破绽，否则被对手识破则非常危险。

第二十八计　上屋抽梯

【计名由来】

本计计名出自一个典故。东汉末年，荆州刺史刘表的儿子刘琦因继母不容，恐遭陷害，向刘备求救。刘备要诸葛亮为他想出解脱之计。这天，诸葛亮来到刘琦家。刘琦哀求说："继母屡次设法陷害我，务欲置我于死地而后罢休，目下我的处境十分险恶，还请先生相救一二。"诸葛亮说："此事关系离间母子之情，恐将来说将出去，多有不便。"

刘琦便邀请诸葛亮进入密室之中，一边饮酒，一边仍缠住诸葛亮不放。可诸葛亮还是不愿答应刘琦的请求。这时，刘琦见再三恳求无效，便掉转话头，对诸葛亮说："我的住室楼上藏有一部古籍，请先生观赏一番如何？"诸葛亮听说有古籍观赏，非常高兴，便答应了。说着便跟随刘琦登上一间小楼，到了楼上，见四壁皆空，并无藏书设置，便问刘琦书在何处。这时刘琦便双膝跪下，承认自己是事出无奈才把诸葛亮骗上楼来，务请他指点出路，拯救性命之危。诸葛亮埋怨刘琦不该施行欺骗，便要下楼离去，可不料楼梯已被抽走了。这时刘琦便又再三哀求说："先生最担心的是事情泄露。现在，这里上不着天，下不着地，出君之口，入琦之耳，再没有别人知晓。您应该可以赐教了。"说着又要拔剑自刎。诸葛亮见刘琦如此情景，便给他讲了一条计策，叫他借鉴历史上"申生在内而亡，重耳在外而安"的经验，利用黄祖新亡，江夏一时无人守御的机会，向刘表请求屯兵江夏，如此便可远离继母，脱离危险了。刘琦按照诸葛亮的计谋行事，果然灵验。后人便把这件事叫作"上屋抽梯"。后来人们把它用于军事斗争中，作为一计，其特点主要是指利用某种小利引诱敌军，使其进入我方设置的圈套，截断其援兵和退路，然后再加以围歼。

【原文】

假之以便[1]，唆之使前[2]，断其援应，陷之死地[3]。遇毒，位不当也[4]。

【注释】

〔1〕假：假装。便：便利。

〔2〕唆：唆使，这里引申为诱使。

〔3〕死地：中国古代兵法用语，指一种进则无路，退亦不能，非经死战难以生存之地。

〔4〕遇毒，位不当也：语出《周易·噬嗑》。噬嗑卦为震下离上。震为雷，离为火、为电。雷电交加，有威猛险恶之象。又，噬嗑卦为以柔居刚，故不当位，更显形势严峻。噬嗑的本意为食干肉，“干肉虽小而坚，不易噬者也。强欲食之，则不听命而必相害”。此计运用此理就是因贪图不应得之利必将陷于危险的死地。

【译文】

假装给敌方以某种便利，诱使它（盲目）前进，然后再截断其应援之路，就能陷敌军于死地。这是从噬嗑卦象辞“遇毒，位不当也”一语中悟出的道理。

【前人批语】

唆者，利使之也。利使之而不先为之便，或犹且不行。故抽梯之局〔1〕，须先置梯，或示之梯。如慕容垂，姚苌诸人怂秦苻坚侵晋〔2〕，以乘机自起。

【注释】

〔1〕局：骗人的圈套。

〔2〕慕容垂，姚苌诸人怂秦苻坚侵晋：公元382年，前秦苻坚要亲率九十七万大军南讨东晋。尚书左仆射权翼、太子左卫率石越，以及太子本人都表示反对。这时，鲜卑族的慕容垂和羌族的姚苌便分别私下来见苻坚，支持苻坚出征。慕容垂说：“前秦兵多将广、势力强盛，东晋偏处一隅，势力弱小，自古都是小不敌大，弱不胜强；此次出征，必胜无疑。”由于慕容垂和姚苌的怂恿，苻坚更是决意出兵了。可淝水一战，秦军大败，苻融被杀，苻坚自己也中了流矢。在这次征伐东晋的战役中，秦军虽然

大败，但慕容垂带领的三万人马因奉命出击东晋的郧城（今湖北安陆），没有参加淝水之战，故而被完整地保全下来。当苻坚兵败从寿阳来到慕容垂处时，慕容垂护送他前去洛阳。这时，慕容垂提出要求去邺城祭扫先人陵墓，同时安抚河北。苻坚同意了。谁知慕容垂离开之后，便打起复国的旗帜，自称燕王，接着又自立为帝，定都中山（今河北定县），史称后燕。与此同时，姚苌在羌族和西州豪族的支持下，也在渭北自称大将军、大单于、大秦天王，发展自己的势力。不久，徒何鲜卑在慕容垂率领下包围长安。苻坚在五将山被姚苌所杀。慕容垂攻入长安不久，又被部下杀死，徒何鲜卑东归。姚苌占取长安，自立为秦皇帝，国号大秦，史称后秦。

【译文】

什么是唆？就是以利去诱使敌人上圈套。但是，如果只是以利诱使而不给他以某种方便，敌人还是不会上圈套的。所以，使用上屋抽梯的骗局，也必须先给梯子，或者示意梯子在哪里。就像当年慕容垂、姚苌怂恿前秦苻坚进攻东晋，以求乘机自己扩张势力。

【战例】

诸葛抽梯　司马上当

三国时期，诸葛亮辅佐后主刘禅，平定南中后，决心攻伐魏国，以平定中原，完成汉室统一天下的愿望。因此，已先后进行了五次北伐。魏明帝因镇守西部的主将曹真已死，正在发愁之际，司马懿从荆州回到许昌，明帝便令他率领大军，日夜兼程奔赴长安。诸葛亮闻说司马懿率兵西来，便留王平带领部分兵力守祁山军营，自己则和姜维、魏延率主力进至卤城，卤城太守望风归顺。诸葛亮留下张翼、马忠守卤城，自引兵将向望陇而去。这时司马懿也引大军来此。蜀军首战告捷，乘机抢收了陇上小麦。面对蜀军如此来势凶猛，司马懿决定严防死守，任凭诸葛亮怎样挑衅，终究不出军营，不作对抗。

诸葛亮由于粮食供应不足，一面加紧操练，一面等待蜀中送粮。但负责运粮的李严只图安身求名，很少考虑国事。这时，正值秋初，连日大雨，道路难行，李严深恐运粮有误，会遭到诸葛亮的责怪，便写信给诸葛亮，假称东吴与魏结合，有出兵取蜀的企图，望诸葛亮早做布置。诸葛亮看完信后，怕蜀中紧急，只好做回师的准备。他深知，如果就这样轻易撤军，司马懿肯定会来偷袭进攻，因此，他仔细斟酌应该怎样才能在撤军途中既保全大军又灭了魏军。而司马懿一向谨慎行事，老成持重，考虑到要把他打败，必须先以小利引其上套，然后再以重兵袭击。于是便想了一个“上屋抽梯”之计，立即召集各将，进行了周密部署。

司马懿在上，为防诸葛亮率兵攻击，连忙调兵遣将，加强防守。这时，忽有探子来报，诸葛亮已调集各路兵马向木门道方向退去。对此，司马懿颇为奇怪：蜀军回蜀必要走木门道这条路，难道他想要撤退回师吗，然而蜀军目前士气正盛，怎可能在士气正旺的时刻不打仗呢！当司马懿正疑惑不定时，诸将都说：“他既聚集军队，不是攻便是退，我们正好利用其聚集的时机，以重兵围歼他们。”司马懿说：“诸葛亮历来善用诈术，不应轻举妄动，待察看虚实后再定。”于是便带领张郃及部分人马到卤城附近观看动静。然而他们所看见的景象是城里连一个士兵的影子都找不见，只有旌旗飘动，烟火笼罩。司马懿经过认真仔细地观察，才对张郃说：“看来诸葛亮果真走了。”回头又问众将：“谁敢去追？”张郃说：“我愿去。”司马懿说：“将军太急，不可去。”张郃说：“我是先锋，今日正是立功之际，为何不让我去？”司马懿说：“将军既坚决要去，可引五千先行，随后让魏平引二万马步后行，以防埋伏，我引三千兵随后接应。”临行又再三叮嘱张郃：“蜀兵虽然撤退，途中必设埋伏，将军切勿大意！”

张郃是曹魏的一员虎将，曾随曹操南征北战，战功卓著。他一路挥军前追，一路没有拦截的兵士，就在追击的三十里处的树林时，闪出一队人马，为首一员大将乃是魏延，勒马横刀，大叫道：“张郃，你往哪里走？看刀！”张郃大怒，拍马挺枪直取魏延，两人刀来枪往厮杀起来。没战几个回合，魏延就假装抵挡不住，撤军逃跑，张郃紧紧相追，突然一个转弯，魏延就消失了。张郃生怕中计，勒住马头，仔细察看一番，并未见有何异状，他这才又放心追去。忽然喊声又起，一队人马冲杀过来，为首的大将乃是关兴，他横刀勒马高叫：“张郃不必追赶，有我在这里！”张郃并不答话，挺枪就刺。关兴战不数合，拨马就走，进入树林去了。张郃恐中埋伏，便四下打听，回报都说林中并无伏兵。张郃刚领兵冲进林子，忽然魏延又杀了出来。魏、关二将轮番应战，且战且走，并且丢弃下一些盔甲、马匹。张郃愈战愈勇，尾追不舍。这时魏延已按诸葛亮的命令，将张郃引到木门道口，引到谷内。眼看天色不早，而张郃急功近利，早将司马懿叮嘱置之脑后，又仗着有大军随后接应，于是便毫无顾忌地拍马冲进山谷之内，高喊："手下败将，你向哪里逃！"木门道内，路本来就窄，加上蜀兵假装败阵，丢盔弃甲，几乎将路堵死，使张郃更不怀疑，命令士卒奋力排除障碍，加紧追去。道路越来越窄，两旁山石林立，树木茂密。张郃见此情况，正担心有蜀军埋伏，忽然随着一声号炮，战鼓惊天，山上的连珠箭像倾盆大雨直泻下来。张郃这时已知中了诸葛亮的埋伏，但这时下令退兵已经来不及了，谷口早已被蜀军堵了个严实，无路可退，只得硬着头皮再去追赶魏延。可是，山上的箭似飞蝗，张郃躲避不及右腿先中一箭，翻身落马，就这样葬身于乱军之中。魏延返身杀回，魏军主将阵亡，士兵们更是无头的苍蝇，东撞西碰，非死即伤，全军只有少数未进谷口的士兵得以脱逃。当司马懿率大军赶到时，这场伏击战早已结束。只见木门道内，尸横遍野，血染山谷，蜀兵已走得无影无踪。方知中了蜀军"上屋抽梯"之计，张郃军被引入峡谷，进退不得，致全军覆灭。他自己也怕中了诸葛亮的埋伏，只好带兵退走，没敢继续追击蜀军。

【精评】

上屋抽梯首先是一种诱敌之计，自有其高明之处。敌人一般是不容易上当的，所以，应当先给它安放好"梯子"，也就是故意给他方便。等敌人"上屋"，也就是进入已布置好的圈套之后，即可拆掉梯子，将其歼灭。其中，安放梯子，有很大的学问，要根据实际情况，巧妙地安放梯子，才能使敌人中计。此计也有许多活用之处，如能很好地把握，将是一种相当厉害的谋略。

第二十九计　树上开花

【计名由来】

本计计名来自古时一些战例。所谓“树上开花”，在军事上一般是指，在敌强我弱，遭到敌军攻击压力的形势下，我军采取某些方法，制造种种假相来壮大自己的声势，以迷惑敌军，或将其引走，或将其击退，或将其歼灭。三国时期，张飞在当阳桥以三十余名骑兵，吓退曹操追击刘备的数万大军，用的就是这种计谋。张飞命令士卒将战马拴在离桥不远的树林中，砍下树枝，绑缚在马后，用鞭抽打，马蹄乱踢，尘烟滚滚，张飞独自一人，屹立桥头，手持长矛，怒目而视。曹操见状，误以为桥的对面埋有大量伏兵，便下令撤兵了。战国时期，田单大摆火牛阵，击溃燕军，以及南朝宋文帝时，檀道济用唱筹量沙的计谋，假装军粮充足，骗过了北魏大军，终于安全突围，都是用的这类计谋。后人把这些计谋的共同特点加以概括，就叫作“树上开花”，意思是说：树上本来没有花，却可以人为地制造一些彩花粘在树上，让人一眼看去，难辨真假，还以为真是满树银花！

【原文】

借局布势〔1〕，力小势大〔2〕。鸿渐于陆，其羽可用为仪也〔3〕。

【注释】

〔1〕借局布势：借助某种局诈的方法，布成一定的阵势。

〔2〕力小势大：力，力量。这里是指军队的兵力。势，这里是指的声势。全句意为兵力小而声势却造得很大。

〔3〕鸿渐于陆，其羽可用为仪：此语出自《周易·渐》。意思是说，树木在山上渐渐地生长，比喻君子应该注重培养自己良好的德行，并影响周围的人，形成一种善美的风俗；鸿雁在高空的云路上渐渐飞行，它那美丽丰满的羽毛，使它更显得雄姿焕发，这是值得人们效法的。

【译文】

借用局诈的方法布成阵势，使本来力量小的部队变得声势浩大。这是从《周易·渐》上九爻辞“鸿渐于陆，其羽可用为仪也”一语中所获得的启示。

【前人批语】

此树本无花，而树则可以有花，剪彩贴之，不细察者不易觉，使花与树交相辉映，而成玲珑全局也[1]。此盖布精兵于友军之阵，完其势以威敌也[2]。

【注释】

〔1〕玲珑：灵巧的、精巧的。

〔2〕威敌：震慑敌人。

【译文】

这棵树本来没有花，然而可以人为地使得它变得有花。剪一些彩花粘在树上，不仔细观看的人就不易察觉，这样便可以使彩色的花与绿色的树交相辉映，形成一个巧妙逼真的完整的花树。这也就是把精兵安置在友军的阵式中，促使其整个阵式的完整，以威慑敌军的方法。

【战例】

田单的火牛阵

周郝王三十一年（前 284），燕昭王重用乐毅，命他领兵进攻齐国，六个月内，连攻下七十城，只剩下最后莒、即墨两城尚未攻下。当时乐毅认为，齐国只剩下两城，再也起不了什么大风波了，因此他想采取和平方式，“以恩结之”，让他们自己投降，免得再动刀兵。就这样，把即墨城围了三年之久。

却说即墨城中，守将已死，军中无主，大家都说田单有领兵才能，便拥立他为将军，于是田单率领全城军民日夜防守，丝毫不敢松懈。却不料这时燕国内部出现了上层权力斗争。大夫骑劫与燕太子资交谊深厚，骑劫自以为有勇有谋，想夺乐毅的兵权，便对太子资说：“齐王已死，齐国只剩下两座城了，乐毅却不把它攻下来，这是乐毅想以恩结好齐国，以后好自立为齐王！”太子资听信骑劫的挑唆，把这些话告诉给燕昭王，谁知昭王非但不听，还把太子打了二十大板，并要封乐毅为齐王。乐毅坚决不受齐王之封，燕昭王因此便更加信任乐毅。这件事被田单打听到了，他感到非常失望，叹息道：“看来要恢复齐国，燕昭王在世是不行了，需要等到昭王死后才有希望。”说也凑巧，果然就在这以后不久，燕昭王因迷信神仙，乱服丹药，中毒而死。太子资即位，为燕惠王，这时，田单特派人去燕国散布流言，说是乐毅当初不愿受齐王之封，是因为要感恩昭王的厚遇，而其所以迟迟不攻即墨、莒两城，则是因为要等待时机，自立为王，现在昭王已死，惠工即位，乐毅就会要称王齐国了。燕惠王本来就对乐毅心存疑虑，现在听到这样的流言，与骑劫原来所讲的话相吻合，更是信以为真，于是，一道诏命把乐毅召回都城，而由骑劫取代乐毅为将。乐毅是个聪明绝顶的人，知道再留在燕国，受必惠王、骑劫之害，便悄悄地离开燕国到赵国去了。

田单　战国时齐国将领。临淄（今山东淄博东北）人，因功受封安平君，被齐襄王任为相国。后襄王卒，入赵为相，受封平都君，曾率赵军攻燕。

且说这边骑劫取代乐毅为将，他上任伊始，便一改乐毅章程，引起燕军将士的普遍不满。他才到军营三天，便下令攻打即墨城，即墨城内军民在田单的率领下，防守坚固，骑劫屡攻不下。一天，田单清早起来，对全城军民说：“昨晚我做了一个梦，老天爷在梦里对我说了，齐国还能再强盛起来，燕国准得败落；再过几天，老天爷会派一个军师来，燕军就快打败仗了。”实际上田单故意在军中挑选了一个机灵的小兵，叫他装作老天爷派来的军师，给他穿着特别的衣裳，叫他朝南坐着。以后田单每次下令，都要先禀告“军师”，因而他的命令便格外受到军民的尊重。而城外的燕国士兵听说即墨城内来了一位老天爷派来的军师，也都害怕起来，彼此相互传说着：“老天爷都帮助齐国，我们还有什么办法呢？”同时，田单还派几个心腹到城外去议论说：还是从前的乐毅好，抓了俘虏都好好优待，所以城里的人都不怕燕军。要是燕国军队把捉去的俘虏都割去鼻子，齐国人还能不怕吗？又说，齐国人的祖坟却埋在城外，如果燕国军队把祖坟都刨了，那可怎么办呀！如此等等。这样的议论一传十，十传百，慢慢地传到骑劫耳里。愚蠢的骑劫竟真的把抓来的俘虏都割去鼻子，把城外的坟墓也都给刨了。即墨城的人见到燕国如此残暴，一个个恨得咬牙切齿，一心要报仇雪恨，纷纷向田单请战。这时田单便又想出一计：挑选五千人作为先锋队，一千头牛进行训练，准备摆一次火牛阵。

同时又搜集一批黄金，派几个人打扮成即墨城的富翁给骑劫送去，对骑劫说："城里的粮食已经吃光了，不出三天就得投降，请求燕军进城时能保全我们家小的性命。"骑劫听了欢天喜地，满口答应。真以为可以净等着田单前来投降，用不着再打仗了，于是大小将领都放松了戒备。

且说那些被派出的"富翁"回来向田单报告情况，田单认为时机已到，决定使用他的火牛阵出战。他把一千头牛都披上画有稀奇古怪彩色花纹的布，每头牛的犄角上都捆着两把尖刀，牛尾上系着一捆浸透了油的麻和芦苇。又将五千名冲锋队的脸上也画上各式各样彩色的花纹，一个个拿着大刀阔斧跟在牛背后。到了半夜，拆去几处城墙，把牛赶到城外，把牛尾点起火来，一千头牛被烧疼了，没命地往燕营冲去，后面五千名敢死队也紧跟着杀进去。这时，城里的老百姓纷纷拿着脸盆、铜壶狠命地敲着，呐喊助战。燕国军队从梦中惊醒，猝不及防，只见到成千成万的怪物尾巴烧着火，头上长着刀，后面又跟着一群"妖怪"。有些胆小的，吓得腿也软了，只说是老天爷派来的鬼怪，一个个只图逃命要紧，哪里还敢抵抗呢？不说是一千头牛头上捆的刀扎伤了多少人，五千名冲锋队用刀砍死了多少人，就是燕军自己忙乱中互相践踏，也死伤不少，这时，骑劫坐着车，打算杀出一条血路，可巧正碰上田单，只几个回合便被杀死了。从此之后，田单乘胜反攻，收回了齐国失去的七十座城池。

【精评】

树上本来没有开花，但可以用彩色的绸子剪成花朵粘在树上，做得和真花一样，不去仔细看，就难辨真假。此计的使用，关键在于善于借某种因素制造假相，以此来壮大自己的声势。纵观古今，许多风云人物都是靠此计起家的，他们从一打入宫门开始，便运用诡计奇谋去制造矛盾，利用矛盾，到了解决矛盾时，自己就水涨船高。可见，这"树上开花"的策略是斗智的最高原则，但要达此目的，还必须配合其他阴谋或阳谋才可以。

第三十计　反客为主

【计名由来】

本计计名，出自何典，目下论者尚说法不一，从现有资料看，大体有三种可资参考：其一是，据《李卫公问对》载："臣较量主客之势，则有变客为主、变主为客之术。"其二是，杜牧注《孙子兵法》载："我为主，敌为客，则绝其粮道，守其归路。若我为客，敌为主，则攻其君主。"其三是，《三国演义》第七十一回写的法正对黄忠讲的一段话："夏侯渊为人轻燥，恃勇少谋。可激励士卒，拔寨前进，步步为营，诱渊来战而擒之。此乃'反客为主'之法。"

从上述三项资料以及前人对本计的按语来看，所谓"反客为主"，从军事上说，主要包含两方面意义：一是对同盟者（包括将要从敌军中争取的同盟者）来说，本来是同盟者为"主"，我为"客"，经过运用计谋，使我得以插足其中，并在同盟者中逐渐掌握了领导权、支配权。这便是"反客为主"了。二是对敌军而言，我方实力小，处于被动，是为"客"，经过用计谋进行斗争，我方逐渐由被动变为主动，这也是"反客为主"了。

【原文】

乘隙插足，扼其主机〔1〕，渐之进也〔2〕。

【注释】

〔1〕主机：主要之处，即首脑机关。

〔2〕渐之进也：语出《周易·渐·彖》意思是说，天下的事情，凡是行动盲目而急躁，就会走入邪途；凡是冷静而顺乎客观规律，就会登上正道。一步一步地循序渐进达到显要的地位，便会行而有功。

【译文】

乘着对方的漏洞，插足其中，掌握其首脑机关，这是循序渐进的结果。

唐高祖李渊　唐代开国皇帝，字叔德。公元618年农历五月，李渊称帝，改国号唐，定都长安。庙号高祖。

【前人批语】

为人驱使者为奴[1]，为人尊处者为客[2]，不能立足者为暂客[3]，能立足者为久客，客久而不能主事者为贱客[4]，能主事则可渐握机要，而为主矣。故反客为主之局[5]：第一步须争客位；第二步须乘隙；第三步须插足；第四步须握机；第五步乃为主。为主，则并人之军矣。此渐进之阴谋也。如李渊书尊李密，密卒以败；汉高祖视势未敌项羽之先，卑事项羽，使其见信，而渐以侵其势，至垓下一役，一举亡之。

【注释】

〔1〕奴：奴仆、奴隶。

〔2〕尊处：尊敬的对待。

〔3〕立足：站稳脚跟。暂客：暂时的客人。

〔4〕贱客：地位卑贱、低下的客人。

〔5〕反客为主：变客位为主位。局：局诈、诈谋。

【译文】

受别人差遣的人是奴仆，受别人尊敬相待的人是客人。在别人家做客而不能站住脚的是暂时的客人；能够站住脚的是长久的客人。作为长久的客人却不能掌权的是地位低贱的客人；能够掌权并且可以逐渐掌握其首脑机关便就成为主人了。所以，使用“反客为主”的计谋，第一步必须争到客位；第二步便要乘机而入；第三步便须插足进去；第四步便须掌握其关键部位或首脑机关；第五步便可成功了。为主，便可以将别人的军队据为己有了。这是一个循序渐进的阴谋。就像当年李渊给李密写信，对他大加尊崇，最后李密终于被李渊打败。也像当年汉高祖当看到自己的势力还不能与项羽相抗衡时，便卑躬屈膝地侍奉项羽，使项羽因此而相信自己以逐渐削弱项羽的势力，到是垓下之围，把项羽彻底消灭了。

【战例】

反客为主降李密

隋炀帝大业三年（607）秋，李渊（唐高祖）联合突厥，率兵三万从太原出发，打着尊立代王的旗号，兴起义师，向关中进军。大队人马行至贾湖堡处，因遇大雨滂沱，不能行军，只得暂时驻扎下来。这时，李渊接到军报，说是魏公李密领众数十万，历数隋炀帝十大罪恶，布告天下，起兵反隋。李渊听知这一消息，不禁大吃一惊，便与儿子李世民商量对策。世民认为：李密兵多势大，不宜与之对敌，不如暂且与他联络，也可使我军免除后顾之忧。李渊同意了世民的计策。即命记室温大雅给李密写信，希望结成同盟，共图大事。信送去不久，便收到李密回信。李密信中言词十分傲慢，虽然表示愿意结为同盟，但李密自称是盟主，并要李渊亲自去河内缔结盟约。李渊父子二人看了李密的回信，心中很是不满。但李渊转念一想，迫于势力悬殊，还是忍让为好，便又对李世民说道：李密狂妄自大，即便订了盟约也未必实行，但我们现在正进军关中，如果断然拒绝结盟，与他绝交，只会又增加一个敌人，倒不如暂忍一时，先以卑谦之词对他大大颂扬一番，让他更加志气骄盈，安抚住他的心，这样既可以利用他为我军在河洛一线牵制隋军，又可以使我军专意西征，岂不是两全其美？待到我军平定关中后，便可“据险养威”，看着他与隋军鹬蚌相争，让我军坐收渔人之利，岂不更好！李世民非常赞成父亲的用计，于是便再命温大雅给李密写信，大意是说：现在天下大乱，亟需有统一之主，您李密功高望重，这统一之主自然非您莫属。我李渊年事已高，对您表示诚心拥戴，只求您登位之后，仍然封我为唐王就行了……李密收到李渊的复信，心里甜滋滋的，别说有多高兴了，满口答应李渊的要求。这样，李渊免除了后顾之忧，便挥军西进了。一路上，攻霍邑、临汾，直取长安，将一个十三岁的代王侑拥立为皇帝，并且改元义宁。到第二年，隋炀帝被弑后，李渊又逼迫恭帝侑退位，自立为帝，称唐高祖。

且说李密自与李渊结盟后，率兵东进，所到之处，攻城掠地，节节胜利，除东都一地被隋将王世充坚守受阻外，其余如永安、义阳、弋阳、齐郡等地，以及赵魏以南、江淮以北所有揭竿诸军都望风归附。于是，李密继续强攻东都，与王世充做最后决战。这时，唐高祖李渊也派李世民、李建成领兵来到东都，名为援兵，实际上是来争地盘的。李密进攻，李世民和李建成派兵从中阻挠，以致东都久攻不下。

俗话说：物极必反。正当李密踌躇满志，决心攻下东都自立为王时，却因他骄傲自大，刚愎自用，不听贾润甫、裴仁基与魏徵等人的再三忠言劝告，以致两次中了王世充的诡计，东都城下之战，竟然大败亏输，走投无路，数十万大军只剩下两万人马跟随李密惶惶退入关内投奔唐王李渊。当时李密还想着，李渊会念昔日结盟之情和灭隋之功，给自己封以台阁之位，说不定有朝一日，还能东山再起！可谁知这时已“反客为主”的唐主李渊却点封他一个光禄卿的闲职，另外还赐了一个邢国公的空头爵号，这使得李密大失所望。

且说李密降唐以后未得重用，心中很是不满。这一切李渊都心中有数，但表面上却格外加以羁縻，称李密为弟弟，并把舅女孤独氏嫁给李密为妻，也想是稳住他的心，可这些并不能满足李密的欲望，未过多久，他便与王伯当勾结，起兵反唐，结果被唐将彦师打败，全军覆没，李密、王伯当也都被杀死。

【精评】

反客为主就是处于被动地位的要设法争取主动权与控制权，使主受客的支配与摆布。无数事实早已证明，只有掌握主动权与控制权，才可以夺取胜利。

第六套　败战计

第三十一计 美人计

【计名由来】

美人计出自《韩非子·内储说下》:“遗人……女乐二人，以荣其意而乱其政。”说的是公元前658年，晋献公派兵攻打虢国，而虞国是必经之道。晋军欲向虞国借路伐虢，怕虞君不肯，晋献公采纳大夫荀息的建议，把晋国屈地出产的良马和垂棘地区出产的美玉及女乐二人送给虞君。虞君生性贪婪，不顾宫之奇的反对，同意借道给晋国。晋国灭掉虢国，回师途中，又轻而易举地灭掉虞国，捉住了虞君。“假道伐虢”是三十六计的第二十四计，但这一计是在美人计的成功基础上实施的。《六韬·文伐》中说，对于直接用武力不能征服的敌国，应“养其乱臣以迷之，进美女、淫声以惑之……”就是说的美人计。

本计的特点是，用美色或其他财物诱惑敌人，尤其是敌方的将帅，消磨其斗志，分裂其核心，使其部队丧失战斗力，从而乘机取胜。

【原文】

兵强者，攻其将；将智者，伐其情〔1〕。将弱兵颓，其势自萎。利用御寇，顺相保也〔2〕。

【注释】

〔1〕将智者，伐其情：将智者，指足智多谋的将帅。伐其情，即从感情上加以进攻、软化，抓住敌方思想意志的弱点加以攻击。《六韬·文伐》中就主张以乱臣、美女、犬马等手段攻其心，摧毁其意志上的屏障。

〔2〕利用御寇，顺相保也：语见《周易·渐·象》：“……利用御寇，顺相保也。”御，抵御。寇，敌人。顺，顺利，顺势。保，保存。全句意为，此计可用来瓦解敌人，顺利保存自己。

【译文】

对强大的敌军，要对付它的将领；对英明多智谋的将领，要设法动摇他们的斗志。将领斗志衰退，士气消沉，战斗力自然萎缩。就像渐卦象辞所启示的，要利用敌人的弱点抵御敌人，顺利地保存自己。

【前人批语】

兵强将智，不可以敌，势必事之[1]。事之以土地，以增其势，如六国之事秦[2]，策之最下者也；事之以币帛，以增其富，如宋之事辽、金[3]，策之下者也；惟事之以美人，以佚其志[4]，以弱其体，以增其下之怨，如勾践之以西施重宝取悦吴王夫差，乃可转败为胜。

【注释】

〔1〕事：侍奉。

〔2〕六国之事秦：战国时期，韩、赵、魏、楚、燕、齐六国纷纷割让土地，以侍奉秦国。

〔3〕宋之事辽、金：北宋真宗景德元年（1004）与辽议和，每年向辽纳银十万两、绢二十万匹；南宋高宗绍兴十一年（1141）与金议和，每年向金纳银二十五万两，绢二十五万匹。

〔4〕佚：安逸，这里作使动词用，为使安逸，可引申为消磨。

【译文】

对于实力强大和将帅明智的敌人，不可以与他硬拼，势必要暂时侍奉顺从他们。以割让土地表示侍奉，会增强敌人的势力，如同战国时期六国割让土地侍奉秦国那样，这是最下的策略；用金钱丝绸去侍奉敌国，就会增加敌人财力，如同北宋南宋侍奉辽、金那样，这也是下策；只有用美女侍奉敌人，消磨敌人的斗志，削弱敌人的体质，并且加深部下对主将的抱怨，与主将离心离德，如同越王勾践用美女西施及国内的贵重宝物取悦夫差那样，才能转败为胜。

【战例】

王允献貂蝉

董卓掌握了国家大权，为所欲为。这时皇帝只有九岁，因为董卓滥施杀戮，并有谋朝篡位的野心，让满朝官员对他又恨又怕。

司徒王允，对朝廷十分忠心，决心铲除奸贼。但董卓势力强大，正面攻击，还无人斗得过他。董卓身旁有一义子，名叫吕布，骁勇异常，忠心保护董卓。王允看出这二人都是好色之人，便决定使用“美人计”让他们自相残杀。

王允曾收留过一名叫貂蝉的歌女。她不但色艺俱佳，而且深明大义。为了答谢王允对自己的收留，愿意帮助王允完成大计。

王允请吕布到自己家里吃饭，主动提出将自己的“女儿”貂蝉许配给吕布。吕布看到漂亮的貂蝉，十分高兴，于是两人决定择日完婚。

第二天，王允又请董卓到家里吃饭，要貂蝉献舞。王允主动把貂蝉送给董卓让他带貂蝉回去。吕布十分生气，指责王允不守约定。王允又巧施计谋，让吕布认为是董卓把貂蝉抢走了。

后来，貂蝉与吕布会面，指责董卓拆散二人，又让董卓亲眼见到二人约会，引得董卓与吕布反目成仇。

王允见时机成熟，邀吕布到密室商议。王允大骂董贼强占了女儿，夺去了将军的妻子，实在可恨，激起吕布誓杀董卓之心。

王允见吕布已下决心，立即假传圣旨，召董卓上朝受禅。董卓耀武扬威，进宫受禅。却没想到被吕布袭击，一戟穿喉而死。王允终于为朝廷除了一害。

【精评】

女人的魔力，好像是上帝专门为征服男人创造的。自古以来，烽火相欺，不外博美人一笑，怒发冲冠无非一怒为红颜。哪怕是三军用枪炮无法攻破的、主将也束手无策的铁壁铜墙、要塞堡垒，这时，如果美女腰肢一摆，媚眼一飞，保管其缴械投降。可见裙带的魔力，有时远胜于武力的魔力。使用美人计，不会受时间和空间的限制，此计不仅可以诱敌，也可作为小人向上爬的阶梯。

第三十二计 空城计

【计名由来】

空城计计名见于《三国志·蜀志·诸葛亮传》：诸葛亮派魏延领各路兵马东进，攻打司马懿，只留万人驻守阳平。司马懿率二十万人与诸葛亮对抗，与魏延军错开了道路，毫无阻挡地直逼诸葛亮驻地阳平。司马懿军距阳平只有六十里了，探马报告说，诸葛亮在城中，兵少力弱。

诸葛亮也知道司马懿很快就打到阳平，魏延率领的大部队相距已远，救援已来不及了。守城将士惊慌失措，诸葛亮却表现出从容不迫，命军队偃旗息鼓，不准随便出帐营，又令人大开城门，叫几个老头儿在街上打扫。司马懿知道诸葛亮十分谨慎稳重，此时见城中毫无声响，疑有伏兵，便带领大军离开了阳平了。后来，司马懿知道诸葛亮这次摆的是个空城计，非常后悔。

空城计是在交战双方力量悬殊的情况下，力弱的一方面故意显示自己虚弱不设防的弱点，使敌人反以为自己已有准备，而不敢贸然进攻，从而度过难关的一种计谋。

【原文】

虚者虚之〔1〕，疑中生疑〔2〕；刚柔之际〔3〕，奇而复奇〔4〕。

【注释】

〔1〕虚者虚之：第一个“虚”字，空虚，与实相对，指军事力量不敌对方。第二个“虚”字，动词，显示虚弱的样子。意为劣势的军队面临强敌，却还故意显示空虚。

〔2〕疑中生疑：第一个“疑”字，可疑的形势。第二个“疑”字，怀疑。意为面对可疑的形势更产生了怀疑。

〔3〕刚柔之际：这里是指敌我双方刚与柔交会悬殊的时刻。

〔4〕奇而复奇：奇妙之中更加奇妙。

【译文】

本来兵力空虚，又故意把空虚的样子显示在敌人面前。使敌人不知底细，怀疑我有实力。在敌强我弱的情况下，采用这种计谋，显得更加奇妙。

【前人批语】

虚虚实实，兵无常势[1]。虚而示虚，诸葛而后，不乏其人。如吐蕃陷瓜州，王君焕死[2]，河西恟惧[3]。以张守珪为瓜州刺史[4]，领余众，方复筑州城。版榦裁立[5]，敌又暴至，略无守御之具。城中相顾失色，莫有斗志。守珪曰："彼众我寡，又疮痍之后，不可以矢石相持，须以权道制之。"乃至城上，置酒作乐，以会将士。敌疑城中有备，不敢攻而退。又如齐祖珽[6]为北徐州刺史[7]，至州，会有陈寇[8]，百姓多反。珽不关城门，守陴者[9]皆令下城，静坐街巷，禁断行人鸡犬。贼无所见闻，不测所以，或疑人走城空，不设警备。珽复令大叫，鼓噪聒天[10]，贼大惊，登时走散。

【注释】

〔1〕兵无常势：用兵没有固定的方式。《孙子兵法·虚实篇》："水因地而制流，兵因敌而制胜。故兵无常势，水无常形。"

〔2〕王君焕：唐代瓜州常乐人。字威明，开元中为河西陇右节度使，由于击败吐蕃有功，升大将军。后吐蕃攻陷瓜州，回纥等部叛乱，君焕战死。《新唐书》有传。

〔3〕河西：在甘肃武威，相当于今甘肃省河西走廊。

〔4〕张守珪：唐代陕州人，开元中为瓜州刺史，因功官至辅国大将军。

〔5〕版榦裁立：版，夹板。榦，筑土墙时，两个板子相夹，当中填土，用杵舂坚实。榦就是筑墙所用夹板两头所立的木桩。裁，通假字，通"才"。裁立，刚刚安好。

〔6〕祖珽：北刘范阳人，字孝征，曾任北徐州刺史。大军围攻北徐州，援兵未至，祖珽孤军守城，终于保住了徐州。

〔7〕北徐州：北齐地名，相当于今安徽凤阳东北的蚌埠、凤阳、定远、嘉山等地。

〔8〕陈寇：陈，指南朝陈。寇，进攻，入侵。公元573年，南朝陈宣帝派吴明征、裴忌领十万大兵进攻北齐。

〔9〕陴：城上短墙。

〔10〕聒：声音嘈杂。

【译文】

用兵常常是虚虚实实，没有固定的方式。本来处于劣势，更把不加防备的样子显示给敌方。自从诸葛亮以来，运用这条计谋的人为数不少。如唐玄宗时，吐蕃人攻陷了瓜州，守将王君焕战死，河西一带老百姓非常震惊。朝廷派张守珪为瓜州刺史。张守珪率领市民修复城墙，刚装好筑墙的夹板木桩，敌人突然来进攻，城中没有防御的器械，老百姓们大惊失色，面面相觑，毫无斗志。守珪说："敌众我寡，战争创伤还没有修复，不能用利箭，擂石与敌人对抗，必须用智谋对付敌人。"就在城墙上摆好酒席，与将士们饮酒作乐。吐蕃见了，怀疑城中有伏兵，不敢进攻，便撤退了。又如，北齐祖珽任北徐州刺史，刚到任，就有南陈大军入侵，许多民众惊慌失措。祖珽命令不关城门，叫守城士兵坐在街巷里，街道上禁止行人通行。全城寂然无声，鸡不鸣，狗不叫。入侵的军队什么也看不见，什么也听不到，不明情况，怀疑是座空城。正当敌人迷惑不解之际，祖珽命士兵大声叫喊，叫声震天，南陈军大吃一惊，纷纷逃散了。

【战例】

李广智退匈奴兵

西汉时期，北方匈奴势力逐渐强大，不断兴兵进犯中原。飞将军李广任上郡太守，抵挡匈奴南进。

一天，皇帝派到上郡的宦官带人外出打猎，遭到三个匈奴兵的袭击，宦官受伤逃回。李广大怒，亲自率领一百名骑兵前去追击。一直追了几十里地，终于追上，杀了两名，活捉一名，正准备回营时，忽然发

李广　西汉将领。陇西成纪（今甘肃秦安）人。善骑射，汉文帝时以击匈奴有功，封散武骑常侍。故有“飞将军”之誉。元狩四年（前119），随大将军卫青攻打匈奴，以失道被责，自刎而死。

现有数千名匈奴骑兵也向这里开来。匈奴队伍也发现了李广，但看见李广只有百名骑兵，以为是为大部队诱敌的前锋，不敢贸然攻击，急忙上山摆开阵势，观察动静。

李广的骑兵非常恐慌。李广沉着地稳住队伍：“我们只有百余骑，离我们的大营有几十里远。如果我们逃跑，匈奴肯定会追杀我们。如果我们按兵不动，敌人肯定会疑心我们有大规模的行动，他们决不敢轻易进攻的。现在，我们继续前进。”到距离敌阵仅二里地光景的地方，李广下令：“全体下马休息。”李广的士兵卸下马鞍，悠闲地躺在草地上休息，看着战马在一旁津津有味地吃草。

匈奴部将感到十分奇怪，派了一名军官出阵观察形势。李广立即上马，冲杀过去，一箭射死了这个军官。然后又回到原地，继续休息。

匈奴部将见此情形，更加恐慌，料定李广胸有成竹，附近定有伏兵。天黑以后，李广的人马仍无动静。匈奴部将怕遭到大部队的突袭，慌慌张张地逃跑了。李广的百余骑安全返回大营。

【精评】

空城计是在形势特别危急的情况下而布置的疑阵，借以迷惑敌人，渡过险关。它采用的是一种心理战术，此计使用的关键是要清楚地了解并掌握敌方将帅的心理状况和性格特征。敌方指挥官越是小心谨慎多疑，所得的效果就会越好。这种方法多是在兵力不足的情况下所采取的一种应急措施；如果一旦被识破，敌军乘虚而入，那是非常危险的。

第三十三计 反间计

【计名由来】

《孙子兵法·用间篇》："反间者，因其敌间用之。"意思是说，反间这种计谋，就是利用或收买敌方派来的间谍，使其为我所用。

【原文】

疑中之疑〔1〕。比之自内，不自失也〔2〕。

【注释】

〔1〕疑中之疑：在疑阵中再布疑阵。

〔2〕比之自内，不自失也：语出《周易·比卦》：比，亲比，辅助，援助，勾结，利用。此句可以理解为利用敌人派来的间谍为自己服务，可以有效地保全自己，攻破敌人。

【译文】

在敌人怀疑、犹豫的情况下，再给敌方布疑阵。勾结、利用敌方派来的间谍为自己服务，可以得到保全自己、争取胜利的好效果。

【前人批语】

间者〔1〕，使敌自相疑忌也；反间者〔2〕，因敌之间而间之也。如燕昭王薨〔3〕，惠王自为太子时〔4〕，不快于乐毅〔5〕。田单乃纵反间曰〔6〕："乐毅与燕王有隙，畏诛，欲连兵王齐。齐人未附，故且缓攻即墨〔7〕，以待其事。齐人惟恐他将来，即墨残矣。"惠王闻之，即使骑劫代将〔8〕，毅遂奔赵。又如周瑜利用曹操间谍〔9〕，以间其将；陈平以金纵反间于楚军，间范增，楚王疑而去之。亦疑中之疑之局也。

【注释】

〔1〕间：间谍。

〔2〕反间：就是利用敌方派到我方的间谍来离间敌人的一种计谋。

〔3〕燕昭王：战国时燕国国君，公元前311年即位。公元前284年为了报仇，联合秦、魏、韩、赵攻齐，重用乐毅，攻下齐国七十多座城池。后因求长生不死术，吃丹药中毒而死。薨：古时，诸侯死亡叫薨。

〔4〕惠王：燕昭王的儿子。公元前279年即位，对乐毅有成见，曾因中田单的反间计，不用乐毅而败给了田单。

〔5〕乐毅：战国时燕国名将。燕昭王时受重用。因破齐有功，封于昌国（今山东淄川东北），号昌国君。后受迫害逃亡赵国。

〔6〕田单：齐国名将。临淄（山东临淄东北）人。公元前279年，用反间计使燕惠王派大将骑劫替代乐毅为主将，而后以火牛阵大破燕军，收复七十多城，被封为相国。

〔7〕即墨：地名，今山东平度东南。

〔8〕骑劫：燕国将领。有勇力，是燕惠王的亲信。后田单来攻，被惠王派去代乐毅为将，被田单击败，死于敌军之中。

〔9〕曹操间谍：指曹操幕宾蒋干。在赤壁大战中，中了周瑜的反间计，使曹操错杀水军都督蔡瑁、张允。

【译文】

用间谍离间敌人，可以使他们自相怀疑和猜忌。反间，就是利用敌方派来的间谍转而离间敌方。如战国时代燕昭王死后，继位的惠王从当太子时，就对乐毅不满。田单于是派间谍到燕国散布谣言说：“乐毅与燕惠王有隔阂，害怕被惠王所杀，想借攻齐为名，联合齐国，然后自立为齐王。因为齐人还没有归附于他，所以他不急于攻下即墨，以待时机，使自己的大事成功。齐国人担心的是惠王派其他大将来攻打，那样，即墨城早已被打下来了。”惠王听到谣言，便派骑劫代替乐毅为大将，乐毅于是逃往赵国。三国时周瑜利用曹操派来的间谍蒋干，去离间曹操的大将；汉时刘邦的谋士陈平用重金收买楚军将士，传播谣言，离间项羽和范增的关系，使项羽怀疑范增而使其请辞回家。这也是在疑阵中再安排疑阵的谋略。

【战例】

岳飞智用敌间除叛将

宋高宗建炎二年（1128），济南（今山东济南）知府刘豫杀害抗

岳飞 （1103–1142），南宋抗金名将。字鹏举，谥武穆，后改谥忠武。改封鄂王。相州汤阴（今河南汤阴县）人。

金将领关胜，投降了金人。建炎四年（1130），刘豫被金人封为“大齐皇帝”。从此以后，刘豫多次配合金兵攻打宋军，成为北宋抗金的最大障碍，故而宋军需要伺机除掉他。

刘豫与金军将领粘罕过往甚密，引起金军右副帅金兀术的嫉恨。宋军名将岳飞决定利用金军这个矛盾，铲除刘豫。

在一次战斗中，岳飞的部属抓获了一名金军的间谍。由岳飞亲自进行审讯。间谍带来了，岳飞一见面就问：“你不是张斌吗？派你给刘豫送信，让他设法引诱金兀术出来，不就是你吗？”金国间谍怕被岳飞杀掉，顺势承认了自己就是张斌。岳飞便要他“再”给刘豫送信，戴罪立功。岳飞在给刘豫的信中叙述了谋杀金兀术的计划，并密封好。嘱金军间谍一定保密送到刘豫手里。

这个间谍跑回营里，很快将那封信交给金兀术。金兀术见信后，对刘豫的嫉恨和怀疑更加深了。那时，正巧金国尚书省上书金主，说刘豫“治国无状”。金王下诏斥责刘豫。宋高宗绍兴七年（1137），金王朝下令左副元帅完颜昌、右副元帅金兀术率军以南伐江南为名，进军汴京（开封），把刘豫和他的儿子抓住，废掉了伪齐政权。刘豫被充军到临潢（今内蒙古自治区西林县）。这样，岳飞用反间计为宋朝除了一害。

【精评】

《孙子兵法》中有“知己知彼，百战不殆”的名言，知己就是要清楚自己的实力和任务，知彼就是要了解敌人的实力和企图。了解自己的情况比较容易，要了解敌人的情况就很困难，除了从外围调查外，其主要手段就是通过谍报人员来获取。反间计是用间谍的一种，它是巧妙利用敌方的间谍来为自己服务的一种计谋，不仅在历代政治、军事上广泛应用，就是现代企业之间也常常使用，以此来增强自己的竞争实力。

第三十四计 苦肉计

【计名由来】

“苦肉计”出自《吴越春秋》卷二《阖闾内传》中要离自愿断右臂，取得吴王僚的儿子庆忌的信任，得以接近庆忌，最后杀死庆忌，为吴王阖闾除去一大障碍。这是典型的以自残自害的方式，取“信”于敌以达到自己的战略目的。古时也还有王佐断臂和周瑜打黄盖——一个愿打，一个愿挨的故事。

苦肉计的特点是，为了取“信”于敌人（其实是欺骗敌人），进行自我伤害，以夺取战争全局性胜利的计谋。

【原文】

人不自害，受害必真；假真真假，间以得行。童蒙之吉，顺以巽也〔1〕。

【注释】

〔1〕童蒙之吉，顺以巽也：出自《周易·蒙卦》：“童蒙之吉，顺以巽也。”意思是说，不懂事的孩子单纯幼稚，顺着他的心意逗着他玩耍，就会深得其心。

【译文】

人们一般都不会自我伤害，所以自我伤害必定会被认为是真实的；但如能以假作真，以真作假并使敌人深信不疑，就能施行离间计了。这是汲取了《周易》“蒙”卦的思想。从《周易·蒙卦·彖传》：“童蒙之吉，顺以巽也。”一语中获得的启示。

【前人批语】

间者〔1〕，使敌人相疑也；反间者，因敌人之疑，而实其疑也〔2〕。苦肉计者，盖假作自间以间人也〔3〕。凡遣与己有隙者以诱敌人〔4〕，约为响应，或约为共力者，皆苦肉计之类也。

【注释】

〔1〕间者：这里是指间谍。

〔2〕因敌人之疑，而实其疑也：因，凭，利用。实，充实，加深。全句意为，利用敌人多疑的心理，用欺骗的办法，更加深他们的疑心。

〔3〕假作自间以间人：假装自己内部有矛盾，去离间敌人。

〔4〕遣与己有隙者以诱敌人：派与自己有矛盾的人到敌方去引诱敌人。

【译文】

离间，就是利用矛盾，使敌人内部互相猜疑；反间，就是利用敌人猜疑的心理，将计就计，以假作真，更加深他们之间的相互猜疑。“苦肉计”是假装自己内部有矛盾，去离间敌人，或进行间谍活动。凡是派遣与自己一方有矛盾的人去诱惑敌人，作为内应，或约定共同协作行动的，都属于苦肉计之类的计谋。

【战例】

周瑜打黄盖

东汉末期，魏、吴两方，一北一南，即将决战于长江之上。战幕拉开之前，东吴周瑜自感寡不敌众，曹操也觉得北军不谙水战，不约而同地想到用计。

于是曹操派蔡中、蔡和到江东诈降，求周瑜收留。周瑜暗中吩咐，此二人是曹的奸细，得将计就计，为我所用。夜时黄盖来见周瑜，提出火攻曹军方案，周瑜也正需一个人去曹营诈降刺探军情。黄盖表示愿受皮肉之苦，行诈降之计。

第二天，周瑜召来手下大将，下令做好准备，与曹打一场持久战。黄盖却说，曹操人多势众还不如投降了事。周瑜大怒，责骂黄盖在两军对垒时说这般话，是“慢我军心，挫我士气”，于是下令斩首。众将官跪下求饶：“黄盖固然有罪当杀，但开战在即，我方便斩大将，恐于军不利，望都督且记下罪来，等到破曹之后，斩他不迟。”周瑜稍告气消，说他看在众官面上暂免一死，令打黄盖一百军棍，以正其罪。众官又来求饶，周瑜推翻桌子，喝退众官，立即行刑。黄盖被剥光了衣服，按在地上，打得皮开肉绽，鲜血直流，几次昏厥，众人无不落泪。受尽皮肉之苦以后，黄盖又派人去曹营见曹操，说自己身为老臣却无端受刑，想率众归降，以图雪耻。曹操虽疑是周瑜的苦肉计，但遭到说客的一番奚落，又接到二蔡密信，报知黄盖被打之事。曹操这才相信。黄盖的苦肉计，颇为有效地骗到了曹操，并令曹操把宝押在黄盖身上。

【精评】

“苦肉计”就是先把自己折磨一番，利用血和泪去换取敌人的信任，而暗地里却进行阴谋颠覆活动。对阵的双方，无论哪一方都想争取敌将归降；如果没有降将的血泪作保证，便很难得到对方的信任。此计自残仅仅是开始，若一旦被对方识破，不仅白受苦，而且还有丧命的危险，因此使用此计时一定要慎重，否则就会弄巧成拙。

第三十五计　连环计

【计名由来】

本计名见于《元曲选》中《锦云堂暗定连环计》。《三国演义》第八回也有《王司徒巧使连环计》。《兵法圆机·迭》说："大凡用计者，非一计之可孤行……百计迭出，算无遗策，虽智将强敌，可立制也。"认为采用两个以上计谋，环环相扣，周密无遗地做好决策，那么智谋再高、力量再强的敌人都能制服。在三国时的赤壁大战前，谋士庞统怂恿曹操把战船用铁索勾连起来，表面上是帮助魏军克服不习惯于水上作战的弱点，实际上是让这些船只在遭到火攻时无法逃脱。后来周瑜又用苦肉计派黄盖诈降，火烧赤壁。这一个个计谋套用，成为完整的谋略链条，显示了连环计的鲜明特色。

一般来说，连环计不管是两计相扣也好，还是多个计谋相配合，其功能无非是两个：一个是让敌人自相钳制；一个是更有效、更迅猛地攻击敌人。二者相辅相成，用兵就如得天神相助一样。

【原文】

将多兵众，不可以敌，使其自累〔1〕，以杀其势〔2〕。在师中吉，承天宠也〔3〕。

【注释】

〔1〕自累：指自相拖累，自相钳制。

〔2〕以杀其势：指削弱、刹住敌军来势汹汹的势头。

〔3〕在师中吉，承天宠也：语见《周易·师卦》："在师中吉，承天宠也。"这里指主帅决策英明，如有神助。

【译文】

敌军兵多将广，不能与他硬拼，应当设法使他们自相钳制，以削弱他们的势力。正如《易经》师卦所说：将帅处于险象时，刚而得中，指挥巧妙得当，就能如同天神相助一般。

【前人批语】

庞统使曹操战舰勾连[1]，而后纵火焚之，使不得脱。则连环计者，其法在使敌自累，而后图之。盖一计累敌，一计攻敌，两计扣用，以摧强势也。如宋毕再遇[2]，尝引敌于战，且前且却，至于数四。视日已晚，乃以香料煮黑豆，布地上，复前搏战，佯败走。敌乘胜追逐，其马已饥，闻豆香，乃就食，鞭之不前。遇率师反攻，遂大胜。皆连环之计也。

【注释】

〔1〕战舰勾连：把很多舰船用铁环连接固定起来。

〔2〕毕再遇：宋代兖州人。有谋略，精通军事，是抗金的名将。开禧年间用兵，许多将领都战败，独有他多次立功。参《宋史》本传。

【译文】

庞统怂恿曹操把大小船只用铁索连结起来，然后纵火焚烧，使之无法逃脱。由此看来，连环计就是先让敌人自相钳制，然后再攻击它的策略。前一计使敌人自相钳制，后一计则攻击敌人，两计相扣，运用自如，就能摧毁任何强敌。比如：宋朝的抗金名将毕再遇，曾经引诱敌人来战，边打边退，三番五次地缠住敌人，直至天色已晚，就用香料煮黑豆，撒在地上，又向敌营挑战，假装战败而退。敌人乘胜追赶，他们的马已饥饿，闻到遍地豆子的芳香，马只顾抢着吃豆子，任凭你用鞭子抽打，也不肯走了。这时，毕再遇出兵反攻，大获全胜，这都是连环计的运用。

【战例】

陈泰不战退姜维

公元249年，魏国雍州刺史陈泰率兵包围了蜀国北部边界的麹山东、西二城，蜀将李歆拼死突围向大将军姜维寻求救兵。姜维得知麹山二城势危，沉吟半响，想得一条计策，说：“陈泰率雍州之兵围了麹山二城，雍州一定空虚。我们可率大军经牛头山绕至雍州后面，伺机攻占雍州，陈泰知道后，必然回师援救雍州，麹山之围就可解救了。”于是，统率蜀军向牛头山进发。

陈泰闻讯后对部将邓艾说：“兵法云：‘不战而屈人之兵，善之善者也。’姜维一过牛头山，我们就截住他。此时再请征西将军郭淮兵出洮水，截断姜维退往蜀地的归路。姜维只有死路一条；倘若他知险而退，我们就可以夺得麹山东、西二城。”两人商议已定，派遣使者飞报征西将军郭淮，请郭淮进军洮水。郭淮认为陈泰之计可行，立即统率本部兵马向洮水进发。

姜维到了牛头山，陈泰早已率主力兵马抢先占据了牛头山附近的险要地段，筑起营垒，截住了姜维的去路。姜维天天向陈泰挑战。陈泰坚守不出，姜维无计可施。

将军夏侯霸对姜维说：“连日挑战，陈泰只是不肯出来，此人非是庸才，定有异谋，不如暂时后退，再作别议。”正在商议之间，探子来报：“郭淮率大军直扑洮水！”姜维大吃一惊，对夏侯霸说：“洮水在牛头山西北，是我军退回蜀地必经之路。归路一断，我军不战自乱。罢了！罢了！”

姜维令夏侯霸率兵先退，自己领兵断后。守卫麹山的蜀将见内无粮草，外无救兵，只好开城向陈泰投降。陈泰凭借运筹得当之力，没有花费多大代价，就夺得麹山二城，迫使姜维退兵。

【精评】

连环计是一种权术，主要是让敌方互相拖累、互相牵制，或者通过巧妙的方法使敌人不战自乱，减弱敌人的力量，或乘机进攻，或乘机撤退。此计的关键是要使敌人“自累”，背上包袱，不能自由行动。这样，就给围歼敌人创造了良好的条件。

第三十六计　走为上

【计名由来】

“三十六计，走为上计”计语出自《南齐书·王敬则传》：“檀公三十六计，走为上计”。檀公指南朝名将檀道济，相传有《檀公三十六计》，但未见刊本。

此外，我国古代其他兵法也有论述。《淮南子·兵略训》：“实则斗，虚则走。”实是指力量强大，虚是指寡不敌众。也是强调在无把握取胜时，要使用一个“走”字。我国另一部兵书《兵法圆机·利》也有：“避而有所全，则避也。”避，指主动回避，撤退；全，保全。意思是说，撤退能保全力量时，就应该撤退。《吴子·料敌》也说：“凡此不如敌人，避之勿疑；所谓见可而进，知难而退也。”

由此可见：三十六计，走为上计，是指在我不如敌的情况下，为保存实力，主动撤退。所谓上计，不是说，“走”在三十六计中是上计，而是说，在敌强我弱的情况下，我方有几种选择：1. 求和；2. 投降；3. 死拼；4. 撤退。四种选择中，前三种是完全没有出路的，是彻底的失败。只有第四种撤退，可以保存实力，以图卷土重来，这是最好的抉择。因此说，“走”为上。

【原文】

全师避敌〔1〕。左次无咎，未失常也〔2〕。

【注释】

〔1〕全师避敌：全军退却，避开敌人。

〔2〕左次无咎，未失常也：《周易·师·象》说：“左次，无咎，未失常也。”这里的师是指军队、用兵。左次，是指军队向后撤退。古时兵家尚右，右为前，指前进；左为后，指退却。全句意为部队后撤，以退为进，不失为常道。

【译文】

为了保全军事的实力，实行撤退也没有什么罪责，因为它并没有违背用兵的常道。

【前人批语】

敌势全胜，我不能战，则必降、必和、必走〔1〕。降则全败，和则半败，走则未败。未败者，胜之转机也。如宋毕再遇与金人对垒，度金兵至者日众，难与争锋。一夕拔营去，留旗帜于营，豫缚生羊悬之，置其前二足于鼓上，羊不堪倒悬[2]，则足击鼓有声。金人不觉为空营，相持数日，乃觉，欲追之，则已远矣。可谓善走者也。

【注释】

〔1〕必降、必和、必走：指在敌人处于绝对优势的情况下，我方只有投降、讲和、撤退三种选择。

〔2〕倒悬：倒转身体，悬空挂着。

【译文】

敌人的兵力占绝对优势时，我方无法战胜时，我方只有投降、讲和、撤退三条路可走。投降，是彻底失败；讲和是一半失败；只有撤退不是失败。没有失败，就有转为胜利的契机。比如宋代名将毕再遇与金兵打仗，考虑到金国的增援部队不断来到，难以对抗，一天夜里撤退走了，却留下旗帜在营房前，预先把羊倒吊着，又把羊的前腿安置在鼓前面，羊被倒挂着，十分难受，就用腿不停地乱踢，鼓也就咚咚作响。金人开始未发觉，相持了几天才发觉。这时，宋军已经走远了。这可以说是善于撤退的战例。

【战例】

巧施“走”计智胜强敌

在太平天国起义的时期，有一支北方的农民起义军叫捻军。它发源于“捻子”（今称捻党），是山东、江苏、河南、安徽等地农民反封建压迫的秘密组织。他们人数有多有少，经常在江苏、河南、安徽一带护送“私盐”，不断与清政府发生武装冲突。鸦片战争后，捻党武装日益壮大。公元 1852 年（咸丰二年）捻党首领张乐行聚众万余在河南起义，占领永城。次年太平天国北伐军经过安徽、河南，沿途捻军也纷纷起义响应。公元 1855 年张乐行在雉河集（今属安徽涡阳）召集各地捻党首领会盟，担任盟主，称大汉永王（一作大汉明命王）。他颁布十九条《行军条例》，组成捻军，建立黄旗、红旗、蓝旗、白旗、黑旗五旗军制。

公元 1857 年，张乐行与太平军陈玉成会攻霍丘，加入太平天国，被封为成天义。从此捻军成为北方的一支强大的反清力量。转战河南、安徽、江苏、山东各省，多次大败清军，张乐行晋升为征北主将，又封沃王。公元 1862 年（同治元年）陈玉成牺牲后，张乐行被清军攻击；次年初，在安徽蒙城西阳集被俘牺牲。

公元 1864 年，张乐行之侄张宗禹所领导的捻军与太平军遵王赖文光的队伍会师，赖文光成为首领。赖文光对捻军进行了整编和训练，逐步实行“易步为骑”，增强机动作战能力，使捻军迅速壮大，一下子拥有几十万人，在黄河流域展开了轰轰烈烈的武装斗争。

公元 1864 年七月，清政府派蒙古军首领僧格林沁率领大批装备精良的反动武装，震压捻军。僧格林沁是清朝宠信的蒙古亲王，他的军队是清朝豢养的一支以骑兵为主、步兵为辅的正规军。这支满蒙骑兵十分凶悍，曾多次镇压过河北、山东等地的农民起义。

公元 1869 年年初，捻军在河南鲁山击退了僧格林沁，但是不久，僧格林沁又卷土重来。赖文光为了歼灭这个顽敌，有计划地组织退却，采取“以走制敌”的运动战。先拖垮敌人，然后寻找时机加以歼灭。僧格林沁却丝毫不知是计，对捻军紧追不舍，捻军紧紧牵住敌人不放。僧格林沁追到东，捻军却走到西；僧追到西，捻军又走到东，尽量避开与僧格林沁交手，而是专找山谷沼泽，峰回路阻的地方攀越，分队匍伏。僧格林沁手下，全是满蒙铁骑，在崎岖山路却施展不开。而僧格林沁骄纵轻敌，不思利害，一味催督诸将紧追不舍，稍有违慢，他便鞭责杖笞，不肯饶恕，所以部下诸将，没有一个敢懈怠的。无奈一进入山中，屡遭捻军的伏击，良将恒龄、舒通、额苏克金等都先后战死。清军昼夜追逐捻军，顾不上吃住，不久，士兵都气竭力弱，战斗力下降。总兵陈国瑞、何建鳌见此情况叩马谏阻，僧格林沁专横独断，根本不听，只命将士尽力追赶，一程复一程，一日复一日，两个多月后，一直追到山东菏泽县高楼寨地区。寨北有多处防洪水泛滥的河堰，堰上下多是柳林，捻军赖文光先用小部队引诱敌军，将大队人马隐蔽在庄外柳林中。这时是在四月，天气渐热，南风习习，清军多追得气喘吁吁，汗流浃背。远远听到山后有号炮声，僧格林沁传令迅速推进，当即翻山越岭，爬过几个山头，仍不见捻军的踪影，只是小山坳内有几名樵夫，主动答应为清军带路。僧格林沁大喜，便令樵夫前行，自己率队紧紧相随。这时天已经黑了，清军没有吃饭，饿得没有力气。一进入柳林中，忽然间，杀声四起，前后左右，拥出无数捻军，清军被围困，僧格林沁却下令不许撤退。清军将士难于支持，即将败溃。诸将请求突围出去，僧格林沁不许，经再三固请，才召引路的樵夫，打算仍从原路杀出。

谁知道樵夫把清军引向捻军最多的地方，总兵陈国瑞见捻军重重拦阻，对樵夫生了疑心，连忙叫王爷速回。樵夫怒目相向，叫捻军围杀僧格林沁。陈国瑞与僧格林沁被冲断，无法可施，只得自己杀条血路出围。天微亮时，检点手下残卒，只剩数百人。忽然遇见一队战败的士兵，向他们打探僧格林沁的下落。有人回答说看见有贼首戴着王爷的帽子离开，猜想王爷已经遇难。等到捻军离开，陈国瑞遂带残部回到原地。沿途尸横遍野，仔细检视，觅得总兵何建鳌及内阁学士全顺尸体。后来在草丛中发现一具无头尸体，正是僧格林沁，陈国瑞把尸体带了回去。

这次战役，捻军全歼僧格林沁的部队，沉重地打击了清政府的气焰，使朝廷上下人心惶惶。

这场战役就是胜在“走为上”。这个“走”是有计划的退却，是以退为进，以走疲敌，以走制敌。捻军忽左忽右的不断运动中，把敌人拖得晕头转向，疲惫不堪，削弱敌方力量，然后捉住有利战机，精心设下埋伏，一举歼灭了敌人。这一招，是一个绝妙好计！

【精评】

在敌我力量悬殊的不利形势下，采取有计划的主动撤退，避开强敌，然后再寻找战机，以图东山再起，这在谋略中也应是上策。因为无论哪一种战斗，谁都没有常胜的把握，在瞬息万变的战斗过程中，不机警就不能应付，不变通就不能达权，所以退却并非怯懦的表现，也不是英雄末路，只有采取适当的权宜之计，才能有重振雄风的可能。